억대 연봉으로 가는 **명상 세일즈 기법**

Telsius Publishing LLC, www.telsius.com, telephone (USA) 1-562-986-5163

억대 연봉으로 가는

명상
세일즈
기법

리 고든 지음 | 유혜경 옮김

파라북스

억대 연봉으로 가는 **명상 세일즈** 기법

2007년 1월 25일 초판 1쇄 인쇄
2007년 2월 3일 초판 1쇄 발행

지은이 리 고든 **옮긴이** 유혜경 **펴낸이** 김태화 **펴낸곳** 파라북스
주간 이성옥 **기획** 조은주 · 홍효은 **책임편집** 민경미 **마케팅** 박경만 **관리** 이연숙
등록번호 제313-2004-000003호 **등록일자** 2004년 1월 7일
전화 02) 322-5353 **팩스** 02) 334-0748 **주소** 서울특별시 마포구 서교동 343-12
홈페이지 www.parabooks.com **ISBN 978-89-91058-60-6**

나의 사랑이자 가장 좋은 친구인 레이첼에게,
날 위해 그곳에 계신 우리 아버지에게,
당신의 꿈을 추구하신 우리 어머니에게,
그리고 궁극적인 역할모델이 된 큰형 테리에게,
이 책을 바칩니다.

얼마나 많은 세일즈맨이 자신의 일과 개인생활에서 선禪의 지혜를 활용하고 있을까? 아마도 당신이 생각하는 것보다 훨씬 많을 것이다. 사람들은 자신도 모르는 사이 선을 실천하고 있다!

그런 세일즈맨은 에너지가 넘쳐 방 안에 들어선 순간 그곳에 불을 켠 듯한 느낌을 줄 것이다. 혹은 차분하고 자신감 있는 태도로 주변의 모든 사람을 편안하게 하는 사람일지도 모른다. 어쩌면 자신의 도전과 실패를 최고의 배움의 기회로 여기는 사람이거나 스트레스에 전혀 영향받지 않는 것처럼 보이면서도 늘 동료보다 더 많은 영업실적을 올리는 세일즈맨일 수도 있다.

선에 대한 관심은 계속 늘어나고 있다. 동양사상은 에머슨과 소로의 초월명상이 소개되기 이전부터 이미 서양인을 매료했다. 100년 전 미국에 처음 소개된 선은 그 후 천천히, 그러나 꾸준히 환영받았다. 그러던 것이 최근 몇 년 사이 언론과 인터넷의 영향으로 급부상해 이제 대부분의 대도시에 적어도 하나 이상의 선센터가 자리 잡았다.

세일즈맨에게 선이 주는 메시지는 깊지만 간단하다. 개인의 뛰어난 역량을 통해 사업의 역량을 실현하라. 자각을 통해 얻고자 하는 바에 도달하라. 자기 자신을 면밀하게 살피고 주변 사람들과 얼마나 비슷한가를—그들과 어떻게 연결되었는지를—깨달아라. '나한테 무슨 도움이 될까?'라고 생각하기보다 잠재고객, 기존 고객, 그리고 동료들의 문제를 당신의 일인 양 생각하라. 그러면 신뢰와 의사소통이 원활한 인맥의 네트워크가 자연스럽게 형성될 것이다. 제품과 서비스를 파는 열쇠는 신뢰와 의사소통이라는 사실을 절대로 잊지 말아야 한다.

선을 통한 세일즈에서는 누가 고객인지 혹은 그들이 무엇을 원하는지 그 어떤 추측도 해서는 안 된다. 설사 자신이 전문가라 할지라도 매번 새로운 상황에 초보자처럼 접근해야 한다. 그러나 항상 충분히 준비해야 한다. 고객과의 약속을 이행하거나 그 이상을 해줌으로써 당장이라도 그들과 신뢰를 형성할 수 있어야 한다.

선의 원칙을 일과 개인생활에 적용하면 재정적 성공에서 엄청난 박차를 가할 수 있다. 그렇지만 가장 중요한 것은 단순한 것과 평범한 순간을 재발견하는 일이다. 더 많이 관찰할수록 더 많이 경험하게 된다. 여행을 즐겨라. 목적지는 이미 당신의 손에 들어와 있다.

이 책은 선의 옛 지혜를 오랜 역사를 지닌 직업 가운데 하나인 세일즈에 적용함으로써 새로운 지반을 닦는다. 이 책의 바탕이 되는 철학적 선은 종교적 선불교와 유사한 점—하지만 서로 다른 점—을 많이 가진다. 모든 종교의 성직자들은 신과 집회와 자기 자신과의 연결을 더 깊이 있게 만드는 데 선을 이용한다. 건설근로자, 간부, 교사, 변호사 및 세일즈맨 등 나머지 수백만 명의 사람들은 선을 일상생활에서 사용한다.

이 책은 세일즈와 관계하는 모든 사람에게 도움이 될 것이다. 세일즈맨, 기술자, 매니저, 임원, 고객 및 구매자 모두에게 말이다. 만약 당신이 세일즈맨이라면 이 책은 다음과 같이 변하는 방법을 알려줄 것이다.

- 자신만의 독특한 영업 스타일을 활용하여 스트레스는 덜 받고 더 많이 판다.
- 세일즈하는 그 순간의 기쁨을 만끽한다.
- 고객의 말에 충분히 공감하며 차분하게 의사소통한다.
- 고객과의 관계가 끈끈하고 오랫동안 지속되도록 만든다.

사실 선의 미덕은 일과 개인생활에 모두 적용할 수 있다는 점에 있다. 이 책을 읽으면 다음 사항을 더 잘 할 수 있을 것이다.

- 자신과 스스로가 원하는 바를 진정으로 이해한다.
- 평범함에서 아름다움을 발견한다.
- 자신이 세상과 주변의 모든 사람과 연결되었음을 깨닫는다.
- 선의 중용을 취함으로써 극단적인 것들 사이에서 편안함을 느낀다.

이 책은 세일즈맨의 내적 영역과 더불어 고객, 동료, 상사 및 부하직원과 서로 만족하는 관계를 쌓는 방법에 초점을 맞춘다. 그것은 세일즈 기술을 다룬 다른 책들의 훈련방법을 보완할—대체하는 것이 아니라—방법이다.

이 책은 아울러 잠재고객 확보, 고객관계 형성, 프레젠테이션, 팀워크 및 부하직원 관리 등을 포함하는 영업의 모든 단계를 소개한다. 그리고 끊임없이 떠오르는 잡념을 최소화함으로써 중요한 업무에 100% 집중할 수 있는 특별한 명상법도 배울 것이다.

이 책은 또한 자신을 되돌아보는 연습을 통해 자신의 가치와 경험, 성향과 목표 등을 점검하도록 했다. 자신을 알고 존중해야만 고객을 알고 존중할 수 있으며, 그때야 비로소 고객과의 관계를 장기적인 것으로 발전시킬 수 있기 때문이다. 요컨대 자신을 향상시키는 동시에 영업실적을 향상시키는 것, 그것이 바로 명상 세일즈 기법이다. 당신은 이제부터 그 놀라운 방법들을 발견할 것이다.

딜버트Dilbert의 만화 중에 많은 사람이 세일즈맨에게 가진 경멸감을 보여주는 것이 있습니다.

- 세일즈맨이 딜버트에게 : "새로 나온 우리 버전은 품질과 신뢰도 면에서는 한 단계 뒤떨어집니다. 따라서 저희는 최신 버전의 소프트웨어라면 사족을 못 쓰는 당신의 무분별한 수요에 기대를 걸고 있습니다."
- 딜버트가 세일즈맨에게 : "당신의 그 교활한 배짱에는 비위가 상하지만 집에 하나, 사무실에 하나, 그렇게 두 개를 사겠소."

저는 24년 동안 세일즈맨으로, 영업부장으로 그리고 선 수행자로 일했습니다. 이 기간 동안 세일즈맨에 대한 대중의 인식이 많이 변했다고 생각하지 않습니다. 가치 있는 제품과 서비스를 실질적으로 모든 사람에게 제공하고 있음에도 불구하고, 세일즈맨은 여전히 불신당하고 풍자의 대상이며 종종 미움을 사기도 합니다. 딜버트의 만화에 등장하는 세일즈맨이 받았을 스트레스와 자존심의 상처를 생각해보십시오. 물론 이것은 단지 만화에 불과합니다만, 불쾌하게도 픽션이 현실을 그대로 모방할 때가 가끔 있습니다.

물건을 팔기가 점점 더 힘들어진다는 사실은 모두 아실 겁니다. 할당액은 올라가고 부담감은 그 어느 때보다 더 심하지요. 그러나 저는 선심禪心을 가지고 세일즈에 접근함으로써 항상 중심을 잃지 않고 일관되게 균형을 유지할 수 있었습니다. 수입은 꾸준히 증가하여 세일즈맨의 상위 5% 내를 유지했으며, 이 과정에서 제가 가진 원칙에 모순되는 행동은 한 번도 한 적이 없습니다.

선을 활용한 성공사례는 생각보다 훨씬 흔합니다. 동양적 사고와 접근법을 사업에 적용하려는 관심 또한 계속 증가하고 있습니다. 《아메리칸 저널 오브 헬스 프로모션 *The American Journal of Health Promotion*》에 2001년 발표된 한 연구는 이런 경향을 뒷받침합니다. 해당 프로그램에서 스트레스를 받은 자원자들은 명상훈련에 참가한 뒤 심리적 고통이 평균 54% 감소하는 결과를 보였습니다.

명상 세일즈 기법에 대한 아이디어가 떠오른 것은 제 업무습관을 지켜보던 한 사업동료가 세일즈맨의 바쁘고 스트레스가 많은 생활을 선과 한데 결합한 책이 있느냐고 물었을 때였습니다. 저는 세일즈맨을 위한 내적 안내서를 찾기 위해 서점과 인터넷을 뒤져보았습니다.

선에 관한 책은 수십 권이었고, 세일즈에 관한 책은 그보다 훨씬 더 많았습니다. 하지만 이 두 가지를 합쳐놓은 책은 한 권도 찾을 수 없었습니다. 세일즈맨과 세일즈 매니저의 가슴—생각만이 아니라—에 와 닿는 책, 정신과 재정적 성공을 동시에 더 많이 달성할 수 있는 구체적 방법을 소개하는 책이 어째서 없는 것일까?

그 시점에 저는 제 자신이 그런 책을 쓰고 싶어한다는 것을 확신했습니다. 저는 이미 선의 지혜를 통해 사업적으로나 개인적으로 많은 도전을 극복했습니다. 명상 세일즈 기법을 사용하는 세일즈맨으로서 발견한 것을 사람들과 나누는 것은 제가 마땅히 밟아야 할 단계인 듯했습니다.

게다가 글쓰기 또한 제겐 어렵지 않은 일이었습니다. 이미 수년째 비즈니스, 기술 및 스포츠에 관한 서른 권의 잡지에 글을 발표하고 있었으니까요. 하지만 선철학을 세일즈에 적용하는 책을 쓰는 일이 간단하지 않다는 것을 깨닫는 데는 그리 오랜 시간이 걸리지 않았습니다.

가족, 친구 그리고 동료들의 사랑과 용기에 힘입어 저는 선과 세일즈에 관한 헤아릴 수 없이 많은 기록을 모으고 정리했습니다. 이 책의 초안은 다른 작가들, 세일즈 고위간부들 그리고 믿을 만한 조언자들의 감수를 거쳤습니다. 그렇게 해서 이 책은 마침내 윤곽을 잡아갔습니다.

　저는 《누가 내 치즈를 옮겼을까》에서 말하는 '삶은 곧 끊임없는 변화'라는 지혜라든가 《성공한 사람들의 일곱 가지 습관》이 전하는 현실적 충고들을 높이 평가합니다. 이 책은 이 두 권의 책이 가진 색깔을 모두 지녔으면 합니다. 아울러 이 책이 선불교가 아닌 철학적 선을 적용했다는 사실도 강조하고 싶습니다. 특정 종교의 신자들이 소원해지는 것을 피하기 위해서입니다.

　작가는 한 권의 책에서 한 목소리를 내야 합니다. 그래서 저는 자서전적 성공 스토리는 쓰지 않기로 결심했습니다. 대신 세일즈―고객관리, 시장전망, 프레젠테이션, 관리와 팀 영업―에서의 각 단계를 모든 장章의 틀로 활용한 가이드북을 쓰기로 했습니다. 그렇게 해서 1년간의 글쓰기, 편집 및 교정 작업 끝에 마침내 이 책을 완성했습니다.

　이 책은 전통적 세일즈 지혜를 뒤집는 것이 목적입니다. 당신에게 자신의 가치와 욕구 및 능력을 꼼꼼히 관찰하라고 말해주고 싶습니다. 제가 말하고자 하는 핵심은 자신을 잘 아는 세일즈맨, 자기 가치에 따라 사는 세일즈맨은 고객에게 공감할 수 있고 윤리적이고 도움이 되는 세일즈맨으로 비친다는 점입니다. 다시 말해 대부분의 고객이 함께 일하고 싶어하는 세일즈맨인 셈이지요.

이 책을 읽고 난 다음 당신이 이러한 목표를 성공적으로 달성했는지를 lee@zenwise.com으로 알려주시기 바랍니다. 저는 독자의 솔직한 반응을 가장 고맙게 생각합니다.

차 례

Part 1

억대 연봉으로 가는
명상 세일즈 기법
기초편

제 1 장

–

왜 하필
선과 세일즈인가?

어떤 식의 강요나 얄팍한 술수를 쓰지 않고도 방금 인연을 맺은 고객이 기꺼이 구매의사를 밝히는 순간, 당신은 세일즈에서 최고의 기분을 느낄 것이다. 고객과의 결속은 다음과 같은 경우에 형성된다.

- 도덕적 가치기준에 따라 생활하고 일한다.
- 고객의 일과 분야, 문제점과 부족한 부분, 경쟁적 상황에 관해 깊이 있는 지식을 가지고 있다.
- 분명한 의사소통과 유익한 정보 제공을 통해 신속하게 신뢰를 형성한다.
- 진실하고 사심 없는 태도로 고객의 일을 자신의 일처럼 생각한다.
- 세일즈 사이클의 각 단계마다 자신이 약속한 바를 책임 있게 이행하고 더 각별히 신경 써서 고객의 신뢰를 얻고 일을 완수한다.

선철학을 세일즈에 적용하면 기본적으로 다음 두 가지 장점을 취할 수 있다.

첫째, 다음과 같은 능력을 갖춤으로써 더 많은 수익을 올릴 수 있다.

- 고객이 말하는 동안 주의 깊게 경청하면서 당신이 마음속으로 다음 말을 준비하고 있다는 것을 고객이 눈치 채지 못하게 한다.
- 고객의 사업에서 해결해야 할 문제들을 발견한다.
- 고객에게 말하거나 설명하는 동안 자신만의 개성 있는 영업 스타일이 충분히 돋보이게 한다.
- 동료, 상사 및 부하직원과 공조한다.
- 하루를 소모적으로 보내기 전이나 보내는 동안, 그리고 보낸 다음에는 스트레스를 줄이고 마음을 차분하게 하며 곧바로 집중력을 회복한다.

둘째, 다음과 같은 능력을 갖춤으로써 일과 가정에서 더 많은 만족감을 경험하게 된다.

- 자기 자신을 이해하고 존중한다.
- 아낌없는 태도로 다른 사람들을 존중한다.
- 단순함을 즐긴다.
- 매 순간에 충실한다.

- 주변 세계와의 연결고리와 균형을 발견한다.

  단, 한 가지 경고를 덧붙인다. 이 책은 다음과 같은 세일즈맨에게는 아무 소용없다.

- 지속적인 관계를 꾀하지 않고 한 고객에게 단 한 번만 팔고자 하는 세일즈맨
- 만족감을 준 고객에게 새로운 잠재고객을 소개받는 기회를 하찮게 생각하는 세일즈맨
- 세일즈를 오직 돈벌이로만 여기는 세일즈맨
- 자신을 깊이 들여다볼 필요를 느끼지 못하는 세일즈맨

선이란 무엇인가?

선은 다음과 같이 정의할 수 있다.

- 마음을 다루는 인간과학 human science 이다.
- 매 순간에 대한 자각과 타인과의 교감을 통한 삶의 접근법이다.
- 하나의 철학 혹은 사고방식이다.

선의 목적은 내적 자아의 편안한 고찰을 통해 실천적 삶을 영위하는 것이다. 철학적 선은 종교인 선불교와는 차이가 있다. 현대의 선은 인도의 불교, 중국의 도교와 선, 일본의 선에 뿌리를 둔다.

선은 바깥보다 내적 영역을 강조한다. 신에게 초점을 맞추지 않지만, 그렇다고 신에 대한 믿음을 배제한 것은 아니다. 많은 신부와 목사 그리고 랍비 역시 적극적인 선의 수행자다. 선의 고요한 자기반성은 더 깊은 기도에 집중할 수 있도록 하여 영성을 강화한다.

수도원이나 교회가 아닌 평범한 생활 속에서 선을 생활화하는 사람들도 있다. 수백만의 사람들이 성직자의 옷 대신 캐주얼한 옷이나 정장을 입고, 의사나 트럭운전사, 변호사, 학생, 건설근로자, 세일즈맨 등 다양한 직업에서 선을 실천한다. 그들은 또한 저마다 다른 시야와 영성을 가지고 있다.

왜 하필 선과 세일즈인가?

세일즈를 규정하는 요소—다른 사람과의 의사소통, 마감, 할당액, 갈등해결, 거절, 두려움과 자기의심—는 자신이 성장하고 스스로를 더 잘 알게 하는 데 비옥한 토양을 제공한다. 또한 자각은 자기발전으로 이어져 더 큰 행복을 느끼고 다른 사람을 돕는 경험의 문을 열게 한다.

선과 세일즈의 결합은 곧 개인 삶에서의 가치와 일에서의 가치를 조화롭게 연결하는 일이기도 하다. 실제로 이러한 결합은 쉽게 어긋나거나 간과되는 경우가 많다.

자신에게 다음과 같은 질문을 던져보라.

- 나의 진정한 가치는 무엇인가?
- 나는 출근할 때 위의 가치를 집에 두고 출근하는가, 아니면 하루 종일 내 말과 행동 속에 그것들을 녹여 넣는가?

당신이 가치를 두는 것들은 당신의 현재 모습 즉, 진정한 본성을 말해준다. 자신의 진정한 본성을 깊이 생각하고 스스로 깨달은 바에 따라 살다 보면 자각 역시 늘어나게 된다. 자각은 곧 깨어 있음을 뜻한다. 이는 잠을 덜 잔다는 의미가 아니다. 깨어 있는 시간 동안 자동비행 조정에 의존하지 않고 직접 비행하며 생각하고 행동하는 것을 의미한다. 깨어 있음을 연습해보라. 그러면 주변 세계와 사람들에 대한 자각 또한 풍부해질 것이다. 만물의 아름다움과 복잡하게 얽히고 연결된 고리를 발견함으로써 적지 않은 놀라움을 느끼게 될 것이다.

충분히 자각하고 깨어 있다는 것은 이른바 깨달음을 경험하는 것이다. 깨달음은 비록 말로는 설명할 수 없지만 그렇다고 해서 마법이나 불가사의한 현상은 결코 아니다. 사실 설명 자

체도 필요치 않다. 당신은 이미 깨달은 상태로 태어났기 때문
이다.

사람은 보통 어릴 때 독창성을 지니고 스스로 깨달은 바에
따라 행동한다. 그러나 유년시절로 접어들면서 미리 규정된
방식대로 생각하고 행동하라는 말을 듣는다. 성인이 된 다음
에는 돈을 벌고 가정을 꾸리며 물건을 사들이는 것이 목표가
된다. 어떤 식으로든 이에 반발하면서도 말이다. 이처럼 당신
이 변한 것은 사실이다. 하지만 그렇다고 해서 자신의 깨달음
마저 버린 건 결코 아니다. 당신은 단지 그것을 가끔 꺼내 보
는 신기한 물건처럼 감정의 다락방에 보관하고 있을 뿐이다.

자신을 깊게 들여다보고 완전하게 느끼기에 지금만 한 순간
은 없다. 사실 지금과 같은 순간은 두 번 다시 오지 않을지도
모른다.

세일즈맨에게 철학이 왜 필요한가?

이 책을 쓰는 동안 성공적인 세일즈맨에게는 특징이 있다는
사실을 알게 되었다. 《챔피언 지도하기 : 세일즈맨 중에서 절
대 최고가 되는 방법 Coaching Champions : How to Get the Absolute Best
Out of Your Salespeople》의 저자인 솔즈베리Salisbury와 니어리Neary,
오코너O'Connor는 성공적인 세일즈맨의 특징을 다음과 같이

꼽는다.

- 인생의 목적을 가지고 있다.
- 스스로를 더 많이 자각한다.
- 고객을 더 많이 존중한다.
- 고객에게 부담을 덜 주는—부담감이 강하지 않은—세일즈 기술을 사용한다.
- 자신과 성공과 실패에 책임질 줄 안다.
- 다른 사람들로 하여금 그들이 원하는 것을 갖도록 해야 계속 성공할 수 있다는 것을 잘 안다.

위의 특징으로 평온하면서도 자신감에 넘치고 다른 사람과 교감하는 세일즈맨의 그림을 그릴 수 있다. 물론 어떤 이는 평온함을 세일즈라는 과정보다는 하루가 끝난 뒤 쉬는 모습에 가깝다고 생각할지 모른다. 즉, 물건이나 서비스를 파느라 소모적인 하루를 보낸 뒤 가족이나 친구, 정신적이거나 육체적인 활동, 독서, 휴식, 식사, 한잔의 술을 즐기는 일쯤을 떠올리는 것이다.

그러나 평온함 역시 세일즈의 요소임이 분명하다. 그것은 개인적 철학의 한 요소로서 거래를 성사하거나 실패했을 때, 그 분야의 정상에 섰을 때, 심지어 모든 것이 엉망진창으로 보이는 순간에도 충분히 적용할 수 있다. 평온함은 모든 상황을 명쾌하게 보여준다. 모든 일에서 균형을 잡게 해주고 자신감과 낙담 사이에서 오락가락하는 횟수를 최소화한다. 손실을 마냥 슬퍼할 필요가 없으며, 이득 또한 단지 일한 대가로 얻어진 달콤한 과일에 지나지 않는다는 걸 깨닫게 해준다.

철학이 점점 인기를 더해가는 이유도 이와 다르지 않다. 세상이 점점 빨리 돌아갈수록 많은 사람이 잠시 동안이라도 그것을 느긋하게 바라볼 수 있기를 원한다. 철학은 사람들로 하여금 현대사회에 적응할 수 있도록 해주며, 인간의 마음—사고와 감정 및 그에 수반되는 행동과 함께—이라는 강력한 도구를 예리하게 만듦으로써 유용함과 즐거움을 오래 지속시킨다.

특히 선이 전하는 철학은 다른 어떤 관점과도 융화가 잘 된다는 점에서 받아들여지거나 이해되기 쉽다. 서로 다른 교의에 가치를 두는 사람들을 한데 자리하게 만드는 것, 즉 다양성을 포용하는 것이 바로 선의 교의다.

이 책의 명상에 관하여

가뜩이나 바쁜 세일즈맨의 일상에 명상까지 포함시켜야 한다는 것이 과연 생산적인 생각일까? 전화를 하고 거래를 마감하기 바쁜 정장 차림의 사람들이 방 안 가득 가부좌를 하고 앉아 '옴' 소리를 내는 모습은 상상만 해도 우습다. 그러나 자투리 시간 동안 자신을 반성하고 집중력과 활력을 회복한 덕분에 그 어느 때보다 중심을 잘 잡고 생산적인 태도로 전화를 걸며 영업하는 세일즈맨의 모습은 어떤가?

명상은 생각을 차분하게 가라앉혀 몸과 마음을 평온하게 해서 자연스러운 자각에 이를 수 있게 한다. 또한 마음의 긴장을 풀어 우선순위에 두어야 할 일이 무엇인지 분명하게 보여주고, 뒤죽박죽이었던 머릿속에서 해결책이 더 빨리 떠오를 수 있도록 해준다.

명상을 통한 자기성찰이 다른 사람의 문제를 자신의 일처럼 생각하는 마음을 이끌어낸다는 것은 선의 또 다른 가르침이다. '다른 사람들을 어떻게 도울까?' 하는 생각의 유무는 물건이나 서비스를 사고파는 비즈니스 세계에선 확연한 차이로 드러난다. 이러한 사고방식을 가진 사람들은 매 순간을 완전하게 즐기는 동시에 결속력이 강한 대인관계를 유지한다.

마음을 다스리지 못한 채 평온함을 찾지 못하는 삶은 노예와 다를 바 없다. 생각 없는 행동과 반응만 수도 없이 반복하는 노예 말이다. 자동조정 장치에 몸을 내맡기는 식의 사고방식은 실제 비행기를 조종해야 할 당신을 늘 하던 방식대로 일을 처리하는 몽유병 환자로 만든다.

평온하고 창의적인 생각을 일깨우는 선의 방식은 매일 잠깐씩 시간을 내어 하던 일을 멈춘 다음, 천천히 숨을 내쉬며 생각을 가라앉히고 자신을 되돌아보는 것이다. 물론 어떤 세일즈맨은 "물건이나 서비스를 팔기도 바쁜 이 금쪽같은 시간을 낭비할 수 없어!"라고 펄쩍 뛸지도 모른다. 그러나 한두 번만 명상하면 하길 잘했다는 생각이 들 것이다.

사실 소모적인 하루를 보내다 보면 균형감각을 잃는 일이 비일비재하다. 그날의 목표치와 성공에 대해 원대한 계획을 갖고 하루를 출발하지만, 다른 사람의 방해를 받거나 전화를 걸고 이메일을 보내고 예기치 않은 회의를 하고 어쩔 수 없이 수다를 떠는 사이 그 거창한 계획은 산산조각 나고 마는 것이다. 이런 경우에는 잠깐이라도 활동을 멈추고 생각을 늦추는 것만으로도 처음의 균형감각을 되찾고 자신 안에 있던 지혜를 다시 꺼낼 수 있다.

이 책 구석구석에 이러한 명상법을 소개했다. 책 읽기를 멈추고 그것들을 직접 해봐도 좋고 적합한 장소를 발견했을 때를 기다려 시도해도 좋다. 중요한 점은 각각의 명상법을 적어도 한 번씩은 해보는 것이다. 물론 처음에는 조금 어색할 것이다. '내가 지금 뭘 하고 있는 거지? 여기서 숨이나 쉬고 있다니, 중요한 거래를 제쳐두고 말이야!' 라는 생각이 들지도 모른다.

명상의 목적은 쉴 새 없이 돌아가는 뇌를 진정시키고 내적인 자아와 친밀한 시간을 갖는 것이다. 다양한 형태의 명상을 접하다 보면 어느 것이 나에게 가장 잘 맞고, 어떤 것이 맞지 않는지를 깨닫게 된다. 그리고 얼마 안 가 자신만의 평온하고 유익한 명상법과 시간을 찾게 될 것이다.

이 책의 자기훈련은?

"자기훈련" 코너가 나오면 잠깐 짬을 내어 빈칸을 채워보자. 이 훈련들은 세일즈맨으로서 자신의 느낌이나 신념, 경험 등에 초점을 맞추었다. 일종의 여행일지인 셈이다. 앞서 말했듯이 스스로에 대한 자각은 자신을 향상시킬 수 있는 최고의 열쇠다.

일련의 훈련이 당신에게 미치는 영향은 단순히 흥미를 끄는 수준에서 치료효과에 이르기까지 광범위하다. 당신이 적어 내려가는 것이 곧 당신의 현재 모습이며, 여기에는 어떤 정답이나 오답도 없다. 최근의 시기로 거슬러 올라가며 당신이 적은 것을 숙고해보라. 또 당신만의 영업 스타일이 어떻게 변했는지도 꼼꼼히 살펴보기 바란다.

질문에 따라서는 대답이 금방 떠오를 수도 있다. 가령 "세일즈하면서 경험한 최고의 순간을 적어보시오"와 같은 질문에는 보통 금전적으로 가장 큰 보상을 받은 것을 제일 먼저 떠올릴 것이다. 하지만 좀더 깊이 생각해보면 비록 수익이나 세일즈 자체는 대단치 않지만, 인간의 행동에 값진 교훈을 준 사례나 영감을 준 사람과의 만남, 혹은 골치 아픈 문제를 해결해주었다고 고마워하던 고객이 떠오를 수도 있다. 생각나는 만큼 많이 적되, 자신이 선호하는 대답은 삼가도록 하라. 이 훈련은 시험이 아니라 자기발견의 과정일 뿐이다.

지금 이 순간의 경험을 즐기기 위하여

 인생이란 매 순간 가는 곳을 즐기거나 어떤 것은 못 보고 지나칠 수도 있는 하나의 여정이다. 사람들은 대부분 현재보다는 막연한 미래의 종착역—돈, 소유물, 성공, 은퇴—에 비중을 두는 경향이 있다. 하지만 지금 이 순간의 경험을 미래에 대한 생각과 바꾸는 것은 밑지는 거래다.

 이 책을 통해 삶과 세일즈에 대한 새로운 접근법을 배우고 난 다음에는 반드시 그것들을 직접 체험해야 한다. 사무실에서 힘겨운 일과 씨름하는 동안에도 자기성찰, 평온함, 타인과의 교감 등을 훈련하는 것이다. 일을 마친 다음에는 자신이 느낀 점을 되돌아본다. 어떤 효과가 있었는가? 무엇이 쉽지 않았는가? 개선점은 무엇인가?

 자기 나름의 확고한 가치와 일과 인생에 대한 철학을 가진 사람은 더 풍성하고 의미 있는 하루를 보낼 수 있을 뿐만 아니라 일상에서 자신의 신념이나 가치를 실현할 수 있다.

 자신의 가치와 욕구, 능력을 자세히 들여다보라. 그것들이 마음에 들든 못마땅하든 상관없다. 만약 사는 동안 그저 바깥 세계만 바라보며 식견을 넓혔다면 이러한 자기성찰이 처음에는 다소 불편할 수도 있다. 하지만 자기 자신을 잘 이해하고 자신의 가치대로 살아가는 세일즈맨은 다른 사람을 쉽게 끌어당기게 마련이다. 고객은 이러한 세일즈맨을 기댈 만하고 신뢰할 수 있다고 생각한다. 상대의 말에 귀 기울이며 사심 없이 헌신할 것만 같은 사람이야말로 고객이 믿고 구매하고 싶은 세일즈맨이다.

어떤 이는 '선 따위'는 무시하고 큰 돈을 벌 수 있는 요령이나 비결을 찾아 나서는 쪽에 더 큰 유혹을 느낄 것이다. 하지만 유감스럽게도 그런 식으로는 일이 잘 될 리 없다. 선에서의 원칙—다른 사람의 일을 자신의 일처럼 생각하고 현재의 순간에 충실한 것—은 출퇴근 카드에 찍히지 않는다. 그것은 자신의 일부이거나 아니거나, 둘 중 하나일 뿐이다.

따라서 자신이 선택한 길을 바라보는 새로운 방식을 취하기 위해서는 준비가 필요하다. 당신이 가고 있는 여정은 당신이 과거에 숙고하여 내린 선택의 결과다. 오늘 당신은 어떤 것을 새로 선택할 것인가? 《억대 연봉으로 가는 명상 세일즈 기법》은 한 권의 책이다. 하지만 이 책을 읽는 것에 그쳐서는 안 된다. 그랜드 캐니언을 사진으로 보는 것은 그곳의 언저리에 서서 웅장한 경치를 바라보는 숨 막히는 체험과는 결코 비교할 수 없다.

제 2 장

—

세일즈에 도전하기

세일즈맨은 어떻게 탄생하는가

미국에서 전문 세일즈맨으로 정식 고용된 인원은 1,300만 명에 이른다. 이 많은 숫자 중에 일찍이 세일즈를 천직으로 선택한 사람은 거의 없다. 대부분은 세일즈맨의 영역이라고 알려진 업계에서 교육받거나 전문가로 성장한다. 그들은 처음에 이렇게 외쳤을 것이다. "세일즈라면 나도 할 수 있어!"

진취적인 세일즈맨의 대부분은 다른 세일즈맨들이 벌어들이는 돈이나 그들이 누리는 자유를 직접 눈으로 확인했을 것이다. 매일 다른 사람과 관계를 맺고 각기 다른 장소를 방문하는 것에 끌렸을 수도 있다. 혹은 미지의 것에 대한 매력이나 세일즈맨에게 주어지는 보상의 많은 부분―어떤 경우에는 전부가 될 수도 있는―인 커미션으로 살아가는 다소 모험적인 삶에 구미가 당겼는지도 모른다. 또 누군가는 자신의 삶과 타인의 삶에 긍정적 변화를 가져오고자 세일즈를 택하기도 한다.

이렇게 사람을 끌어당기고 때로는 빠져들게 만드는 세일즈의 이면에는 일종의 무모함과 불확실성이 도사린다. 아드레날린이 넘치는 사람이나 위험감수형 risk taker, A형 성격의 소유자

type A personality(프리드먼과 로젠만이 명명한 성격유형의 하나. A형은 공격적이며 불안정하고, 경쟁적이며 급하면서 늘 '시간이 모자란다'는 식으로 행동하는 경향이 있다—옮긴이)들은 '앞으로 무슨 일이 일어날지 아무도 모른다'는 영업적인 라이프스타일에 쉽게 끌리곤 한다. 실제로 이들 모험자본가는 대성공에 따르는 이면의 변수—이른바 거절과 좌절, 실패—를 노련하게 감당하는 한 세일즈에서 성공할 확률이 높다.

대부분의 세일즈맨이 직업에 빠져드는 정도는 다른 사람들의 삶에 미치는 영향력을 깨달을 때 훨씬 더 두드러진다. 세일즈는 사람에 의해, 사람에게 행해지는 행위다. 따라서 다시없는 기쁨이나 분노에 이르는 모든 감정은 구매자나 판매자와 상관없이 세일즈의 한 부분을 이룬다. 세일즈는 또한 하나의 천직이며 사람이 하는 일이기에 종종 세일즈맨의 정체성에서 상당한 비중을 차지한다.

세일즈라는 직업의 역사는 결코 짧지 않다. 고대 그리스와 중국에서 음식과 옷감을 팔던 상인에서부터 오늘날 전 세계를 연결하는, 첨단기술을 사고파는 세일즈맨에 이르기까지 구매자에게 상품과 서비스를 구매하도록 이끄는 세일즈 기술은 긴 길을 달려왔다. 특히 오늘날의 과학과 기술은 세일즈맨에게 그 어느 때보다 숨 가쁜 일상을 가져다주었다. 입찰이나 제안서 제출 마감일과 그 밖에 촌각을 다투는 기회를 놓치는 순간 세일즈는 실패로 돌아간다. 게다가 휴가를 떠날 수 있는 푸짐

한 커미션은 입에 풀칠이나 할 수 있을 정도의 쥐꼬리만 한 수익으로 둔갑하고 만다.

사실 전문적인 세일즈 세계에 입문하기 위한 필요조건은 최소한에 지나지 않으며 일정하지도 않다. 미국의 경우 SMEI Sales and Marketing Executives International에서 철저하게 훈련받은 유능한 인재에게 공인영업실무자Certified Sales Executive 자격증을 수여하긴 하지만, 업계에서 요구하는 교육수준은 실로 다양하며 폭넓게 인정받는 자격증이나 증명서 또한 부족한 형편이다.

세일즈맨의 채용과정은 대체로 이렇다. "이 제품에 관해 배울 수 있겠어요? 전화를 걸 줄은 알겠죠? 고객에게 설득력 있게 말할 수 있나요? 계약을 성사시킬 수도 있겠죠? 좋습니다! 그럼, 내일부터 시작하실까요?"

물론 세일즈에 입문하는 것이 간단하다고 해서 지속적으로 높은 성과를 올리는 일 또한 쉬운 것은 아니다. 어떤 세일즈맨

자기
훈련 01
⎯

세일즈맨이 되기 전에 거쳤던 직업과 인생의 사건을 적어보라.

-
-
-
-
-

은 1년에 3만 달러를 버는 동안 누군가는 30만 달러도 넘는 수익을 거두기도 한다. 소득이 높을수록 지난달과 이번 달, 작년과 올해의 변동폭은 커지게 마련이다.

세일즈는 또한 시름없는 행복을 느끼기엔 너무 힘든 직업이다. 일반적으로나 개인적으로나 세일즈맨에 대한 날카롭고 신랄한 의견들은 공공연하게 표출된다. 그중엔 칭찬도 일부 섞여 있지만 세일즈맨을 향한 혹은 세일즈맨에 관한 대부분의 의견은 부정적이다.

세일즈맨에 대한 몇 가지 치명적 편견

변호사들이 흔히 하는 농담 가운데 이 지구상에서 가장 많은 오해와 중상모략을 받는 사람이 세일즈맨이라는 말이 있다. 이러한 적의—세일즈맨을 겪어본 적이 별로 없거나 형편없는 세일즈맨과의 경험에서 비롯된—에는 비굴하고 돈에 눈이 멀고 오직 자기 이익만 추구한다는 원색적 묘사까지 포함되어 있다. 그러나 자신을 돌아볼 줄 아는 세일즈맨은 보통 사람에 비해 악한이라 할 수 없다. 실제로 그들은 최선의 방식으로 삶을 꾸리고자 하고, 뭐든 잘 하고 누군가에게 도움이 되고자 노력하는 평범한 사람이다.

단, 세일즈맨의 문제점 가운데 하나는 고객을 반복구매와 새로운 고객을 소개해줄 대상이 아닌 공격의 목표나 일회용 거래처로 생각하는 병에 전염되기 쉽다는 사실이다. 하지만 이처럼 일관성 없는 적대적 사고방식은 스트레스를 유발하는 것은 물론이고 비생산적인 사업결과를 초래할 수밖에 없다.

고객은 또 고객대로 빈틈없고 전문적인 세일즈맨을 마치 기계처럼 바라본다. 심지어 세일즈맨조차 간혹 자신들을 그런 식으로 표현한다. "잭슨이 또 한 건 크게 올렸다며? 그 친구는 완전히 자동판매기야!" 잭슨은 인간이다. 만약 잭슨이 시종일관 세일즈팀의 그 누구보다 많은 영업실적을 올리고 있다면, 그는 아마 자신의 가치와 윤리를 잘 이해하며 잠재고객과 기존의 고객을 동격으로 바라보고, 모든 고객을 정복해야 할 공격 대상이 아닌 발전시켜야 할 유일무이한 관계로 간주하는 것이 분명하다.

스트레스를 받으면서도
웃을 수 있어야 세일즈맨이다

세일즈의 과정은 이렇게 정의할 수 있다. '침착하게 변화와 불확실성에 미리 대처하는 세일즈맨의 수완으로 고객이 제품과 서비스를 구매하도록 이끄는 기술과 솜씨.' 이를 위해서는 아래의 요건들을 갖추어야 한다.

- 자신이 소속된 회사의 제품과 서비스에 관한 지식
- 세일즈의 각 단계와 구조에 관한 지식
- 고객의 필요, 욕구 그리고 성향에 관한 지식
- 신뢰와 믿음
- 친근하고 유익하고 에너지 넘치는 태도
- 자신감

유감스럽게도 세일즈의 조건에는 다음과 같이 썩 내키지 않는 능력도 포함된다.

- 늘 부딪히게 마련인 고객의 저항과 거절을 견뎌낸다.
- 최선을 다하지 않고는 도저히 달성할 수 없는 영업 할당량을 위해 분투한다.
- 경영진으로부터 심한 압박에 시달리는 세일즈 매니저와 동료들과 원만한 관계를 유지한다.

자기 훈련 02 — 만약 세일즈맨이 아닌 다른 직업을 택한다면 어떤 일을 하고 싶은가?

-
-
-
-
-

- 품질이나 지원, 운송, 광고와 관련된 회사의 문제들로 고심한다.
- 끔찍할 정도의 지루함(다른 동료들이 경영진 앞에서 영업계획을 설명할 때)과 극도의 불안감(당신의 차례가 되었을 때)의 사이를 넘나드는 지긋지긋한 영업전망 회의에서 늘 정신을 똑바로 차리고 있어야 한다.
- 직업상 불확실한 라이프스타일도 마땅히 감수해야 한다. 이번 달에는 사내 영웅이지만, 다음 달엔 '자네 요즘 날 위해 한 게 뭐가 있나?'라는 비난을 면치 못할지도 모른다.

잠시 동안이라도 세일즈의 세계에 발을 들여놓은 적이 있는 사람이라면 이 시점에서 고개를 끄덕일 것이다. 모든 일에는 굴곡과 장단점이 있게 마련이다. 세일즈맨은 누구나 될 수 있다. 하지만 꾸준히 성공을 거머쥐는 사람은 부단한 변화에 능숙하게 대처하는 데 둘째가라면 서러운 사람들이다.

세일즈의 본질은 변화와 불확실성이다

일본의 선사禪士 스즈키 순류는 인생에 관한 견해를 묻는 질문에 "모든 것은 변한다"라는 말로 간단하게 답했다. 선은 개인적으로나 직업적으로나 변화에 대처하는 방법을 아주 단순하게 가르쳐준다. 많은 사람이 변화를 거부하지만 선은 변화를 기꺼이 받아들이라고 말한다. 변화와 맞서 싸우는 일은 에너지를 소진시키며, 그런 싸움에서 이기기란 쉽지 않다. 피를 흘리고 기진맥진해서 변화와 싸우는 사람은 주어진 순간에 즐거움을 발견하지 못하고 미래의 행복만 추구한다.

효과적인 세일즈를 위해서는 새로운 변화에 재빨리 적응해야 한다. 회사에서 당신이 팔고 있는 제품에 변화를 주거나 고객에게 전하는 메시지를 바꾼다 하더라도 놀라거나 당황해서는 안 된다. 발 빠르고 민감한 회사는 성공을 거두게 마련이다. 하지만 이를 위해서는 공중에서 계속 돌아가는 공을 가지고도 요술을 부릴 줄 아는 영업력이 뒷받침되어야 한다. 경우에 따라서 그 공을 완전히 새것으로 뒤바꾸거나 전혀 다른 곡예방법을 배워야 할 때도 있다.

늘 변화가 따르는 세일즈맨의 라이프스타일에 대처하는 방법은 두 가지다. 변화와 싸우거나 받아들이는 것이다. 세일즈가 하기 싫거나 회사가 마음에 안 든다면 상사와 고객에 대해 끊임없이 불평을 늘어놓거나 차라리 다른 일을 알아보는 게 나을지 모른다.

또 설사 자신의 일을 좋아한다 해도 계속되는 실적 상승과 하강, 호재와 악재, 시기의 좋고 나쁨에 따라 곤경에 처하는 일까지 피할 순 없다. 이와 같은 세일즈의 어려움을 헤쳐 나가기 위해서는 이해와 수용, 끊임없는 자아개선과 같은 자기성찰이 필요하다. 고객이나 회사, 경영진과 동료는 바람처럼 예측할 수 없는 존재다. 변화는 끊임없이 계속되고 성공과 실패역시 영원히 지속되지 않는다.

스트레스가 쌓인 세일즈맨에게는 나쁜 일만 생긴다

스트레스가 없는 직업은 거의 없다. 세일즈도 예외는 아니다. 세일즈에서는 다음과 같은 이유로 스트레스가 발생한다.

- 마감시한과 회사의 기대치
- 할당량과 거래를 성사할 책임
- 기존 고객을 관리하는 동시에 새로운 고객을 확보하는 일
- 경쟁자와 동료가 주는 압박감

많은 재무부채와 자동차 할부금 그리고 주택담보 대출금을 떠안고 있는 세일즈맨이 받는 스트레스는 그보다 더하다. 여기에 사생활의 문제—배우자, 자녀 혹은 부모님과 관련된—까지 끼어들면 스트레스는 그야말로 위험 수준에 이른다.

모든 인간은 스트레스에서 자유로울 수 없다. 일찍이 인간은 스트레스와 방위반응을 통해 먹을 것을 찾아내고 은신처를

마련했으며 야생동물로부터 위험에 처하는 것을 피할 수 있었다. 결국 문제는 스트레스 자체가 아니라 스트레스를 어떻게 처리하느냐다. 대부분의 의사들은 스트레스를 제대로 다스리지 못하면 건강상 문제가 발생할 수 있다고 경고한다.

세일즈맨에게 스트레스는 다양한 방식으로 표출된다. 스트레스가 심한 세일즈맨은 보통 남의 말을 잘 듣지 않는다. 습관적으로 약속시간에 늦는 사람, 끊임없이 남을 비판하는 사람도 마찬가지다. 쉽게 화를 내는 세일즈맨 또한 정신적 중압감에 시달리는 경우가 많다. 마음을 가라앉힌 다음 객관적으로 돌아볼 때 화는 자신을 자극하고 감정을 압박한 원인을 깨닫는 실마리가 된다. 비록 당장 해결책을 찾을 수 없다 하더라도 화를 낸 이면의 이유를 들여다보는 일 자체는 변화의 시발점이 될 수 있다.

세일즈맨 중에는 자신의 스트레스를 영광의 배지로 생각하는 사람도 있다. 그런 사람은 만나는 사람마다 자신이 몇 시간이나 일했는지("지난주에 56시간이나"), 얼마나 잠을 못 잤는지, 또 몇 년 동안이나 휴가를 가지 못했는지를 떠벌린다. 실제로 그런 것들은 유감스러운 일이지 영광의 배지는 못 된다. 그저 "나의 희생을 보게. 이래도 감탄을 안 할 텐가?" 하는 진짜 속내를 담고 있을 뿐이다. 이렇게 남보다 앞서 가야 한다는 강박관념의 다음 단계는 아마 일의 스트레스 때문에 심장마비에 걸리거나 이혼을 당했다고 떠버리는 일밖에 되지 않을 것이다.

스트레스는 육체나 감정적 이상과 더불어 정신적 결함을 유발하기도 한다. 다른 사람의 문제를 자신의 일처럼 생각하는 사람의 온화함은 스트레스가 가진 독성으로 없어지기 쉽다. 그것은 사소한 타협으로 시작해 시간이 지남에 따라 일과 친구, 가족으로부터 점차 멀어지는 결과를 초래한다. 급기야 동정심을 완전히 잃어버리고 난 뒤에는 인간관계 자체를 시간과 에너지의 낭비로 바라보는 냉정하고 메마른 사람이 되고 만다. "돈 버는 일이 아니면 난 관심 없어"라고 곧잘 농담처럼 내뱉는 것은 어쩌면 바람직하지 못한 감정의 전조인지도 모른다.

또 하나 간과해서는 안 될 점은 수입이 늘어날수록 은행의 잔고는 오히려 빠듯해진다는 사실이다. 불확실하거나 힘겹게 유지하는 수입에 의존해 호화롭게 사는 것은 금으로 만든 수갑을 찬 것이나 다름없다. 덫에 걸린 듯한 그 상태에서 선택할 수 있는 길이라곤 수입이 현재보다 떨어지지 않도록 죽을힘을 다해 일하는 것뿐이다. 그 사이 스트레스는 당신의 몸과 마음을 좀먹으며 삶을 더욱 고달프게 만들 것이다. 물론 스트레스는 세일즈에서 배제될 수 없다. 따라서 관건은 어떻게 스트레스를 다스릴 것인가이다.

2001년 《아메리칸 저널 오브 헬스 프로모션》에 실린 한 연구는 명상훈련을 거친 참가자들이 프로그램을 이수한 뒤 심리적 고통이 평균 54% 줄어들었다고 밝혔다. 정신적 문제를 가진 사람뿐만 아니라 일반 대중 역시 명상의 혜택을 볼 수 있음을 증명한 사례다. 이같이 호전된 증세는 그 후 3개월 동안 계속 지속된 것으로 나타났다.

슬럼프의 신호탄

제트엔진은 연료가 다 타버리면 소진된다. 세일즈맨 역시 영업을 위해 마지막 남은 한 방울의 에너지까지 쏟아 부었는데도 결과가 기대 이하면 슬럼프가 나타난다. 다음과 같은 문제 있는 감정과 행동은 그것을 드러내는 조짐에 해당한다.

- 무질서(늘 엉망진창인 사무실), 건망증 혹은 멍한 상태, 창의력 상실
- 게으름, 일을 미루는 버릇, 늘 바쁜 척함, 권태감, 기운 없는 모습
- 충돌을 피하기 위한 거짓말이나 과장, 일상 업무로부터의 무단이탈
- 습관적 백일몽과 공상 혹은 산만한 사고, 과거나 미래에 집착, 끊임없는 걱정
- 불평, 냉소, 빈정거림, 유머감각 상실, 비판을 받아들이지 못함, 타인에 대한 적개심, 권력남용(상급자인 경우)
- 혼자 있으면 불안함을 느낌(늘 누군가가 곁에 있어야 안심), 인

간관계 단절

- 과식이나 과음, 수면장애, 감기 달고 살기
- 지나친 완벽주의, 외모에 대한 지나친 관심, 인정받고 싶어 안달하기
- 직업과 인생에 대한 깊은 비애감이나 우울증, 자신의 능력에 대한 회의, 절망감

위와 같은 감정은 누구나 이따금 겪을 수 있는 문제다. 다만 이런 감정들이 자신의 마음을 지배하려 한다면 그 즉시 원인을 분석해야 한다. 선은 이러한 문제의 치료제도나 전문 심리치료를 대신하는 것은 아니다. 그러나 위의 증후 가운데 몇 가지를 정기적으로 겪고 있다면 자신의 영업철학—혹은 영업철학의 결여—을 고찰해보는 것이 도움이 될 수 있다. 나에게 중요한 것은 무엇인가? 나는 무엇에 가치를 두는가?

자기
훈련 03

세일즈할 때 가장 좌절감을 느끼는 경우를 적어보라.

-
-
-
-
-

세일즈맨이여, 마음을 다스려라

마음을 다스리는 것은 다음과 같은 특징으로 나타난다.

- 직업적 욕구와 목표가 개인적 가치와 일치한다.
- 자신의 가치기준에 따라 다른 사람을 대하고 의사소통한다.
- 두려움과 실패를 성장의 발판으로 생각한다.

세일즈맨이라면 누구나 아직 개발하지 못한 무한한 창의력과 지혜, 타인과의 교감 능력, 자신만의 힘을 가지고 있다. 유감스럽게도 이 값진 보물창고는 도전과 기회를 다루는 틀에 박힌 방식에 막혀 영영 얼어붙는 경우가 종종 있다. 얼음을 깨기 위해서는 노력이 필요하지만 그에 따르는 보상이 인생을 뒤바꿀 수도 있다.

숨겨진 보물을 꺼내기 위해 당신이 한 일이 아무것도 없다는 사실은 안타깝긴 하지만 어느 정도 수긍할 수는 있다. 사실 가족, 건강, 청구서, 교통체증, 상사, 고객, 마감과 할당량에 치여 살다 보면 가치나 철학, 개인적 발전 같은 복잡한 문제는 고사하고 매일의 짧은 휴식이나 기분전환조차 취하기가 쉽지 않다.

따라서 정답은, 야구로 말하자면, 인생에서 커브볼이 날아들지 못하도록 만드는 것이 아니다. 타자가 투수―혹은 인생—가 어떤 공을 던지느냐에 참견할 수 없는 것과 마찬가지다. 비결은 날아드는 공을 정확히 바라본 다음, 자기단련을 통해 어떤 공에 방망이를 댈 것인지 침착하고 빠르고 자신 있게 판단하는 기술을 향상시키는 것뿐이다.

제 3 장

—

고객을 알려면
자신부터 알라

자신만의 성공을 정의하라

세일즈는 다양한 관심과 배경을 가진 사람들로 하여금 대부분의 사람은 꿈밖에 꿀 수 없는 것을 실현시키는 환상적인 직업이다. 그 꿈은 돈이 될 수도 있지만, 사실 부와 행복은 동의어가 아니다. 돈으로는 재화와 서비스를 가질 수 있을 뿐, 감

자기 훈련 04 당신에게 성공이란 무엇인가? 세일즈에서의 성공은 당신이 무엇을 중시하는가에 따라 달리 정의된다. 성공에 뒤따르는 몇 가지 결과물에 우선순위를 매겨보라.

순위　성취물

___　돈

___　승진

___　지식 또는 지혜

___　교육 또는 자격증

___　전문적인 혹은 세일즈를 위한 기술 습득

___　가족과 친구와 함께하는 시간

___　혼자 조용하고 평화롭게 보내는 시간

___　종교적 목표나 영적인 길로 한 걸음 나아가기

___　_____(각자 추가)

___　_____(각자 추가)

정적이거나 정신적인 만족감을 사지는 못한다.

"자기훈련 04"에서 당신이 매긴 순위에는 정답이 있을 수 없다. 그것은 단지 당신의 가치판단을 말해줄 뿐이다. 당신에게 중요한 가치는 시간에 따라 변할 수 있으며, 성공에 대한 판단역시 스스로 중요하다고 여기는 바를 얼마나 이루었는지에 따라 달라지게 마련이다. 반대로 무엇이 중요한지 알면서도 그것에 부합하는 행동을 소홀히 한다면 갈등을 겪을 것이다. 당신이 정의하는 성공은 일반적으로 사회가 판단하는 성공과 차이가 날 수 있다. 각자 타고난 독특함을 길잡이 삼아 성공에 대한 새로운 정의를 내려볼 때다.

돈과 소유욕은 나쁜가?

돈과 소유에 대한 욕구는 그것이 삶의 다른 영역과 균형을 이루는 한 결코 나쁘지 않다. 거래를 성사하고 막대한 돈을 벌고 대저택에서 살아가는 삶은 누구에게나 매력적이다. 다만 가끔은 이것이 주는 매력이 실제보다 과장되는 경우가 있다. 실제로 고가의 자동차와 저택을 소유한 사람들은 계속해서 더 많은 수입을 바람으로써 재정적으로 자유로워지기보다는 오히려 그것에 구속되는 경향이 있다.

그러나 정작 중요한 것은 어떤 대상이나 활동의 재정적 가치에 상관없이 그것으로부터 얼마만큼의 행복을 느끼는가. 미래의 잠재적 행복을 위해 현재의 행복을 희생하는 것은 행복의 진정한 개념이 아니기 때문이다. 행복이란 죽은 과거나 미래에 생길지 모르는 즐거움이 아니라 지금 이 순간의 즐거움이다. 따라서 매 순간의 기쁨을 미래에 행복해질 기회와 맞바꾸는 것은 목적지를 여행 그 자체보다 더 중시하는 것과 다름없다. 더 큰 문제는 대부분의 사람이 이러한 어리석음을 너무 늦게 깨닫는다는 사실이다.

선의 중용—극단적 관점과 행동 사이에서 균형을 추구하는 것—은 당신으로 하여금 스스로 세운 목표를 향해 치달리면서도 일과 삶의 매 순간에서 기쁨을 경험할 수 있도록 한다. 현재 머물고 있는 순간과 위치에서 일과 사생활, 그리고 목표와 가치가 한데 잘 맞물리도록 조화를 이루는 것은 당신에게 더없는 행복을 가져다줄 것이다.

지금 알고 있는 것에 반기를 들라

날씨가 맑거나 장거리 비행일 때는 자동조종 장치에 비행을 맡기는 것이 가능하다. 그러나 성공적인 세일즈는 잠잠한 하늘에서는 좀처럼 이루어지지 않는다.

물론 자신의 제품과 고객을 너무 잘 안다고 믿는 세일즈맨

중에는 "에스키모에게 아이스박스라도 팔 수 있다"라고 자신 있게 말하는 이들이 있다. 자만심에 넘치는 사람들은 "나는 코를 골면서도 이 물건을 팔 수 있다"라고 장담하기도 한다. 이렇게 큰소리를 치는 본인이야 듣는 이의 감탄을 사는 것이 꽤나 만족스러울 것이다. 그러나 그것은 결국 자신이 세일즈맨의 천편일률적인 영업 스타일을 따르고 있으며, 고객의 저마다 다른 욕구를 전혀 배려하지 않음을 인정하는 것이나 다름없다.

물론 수년간의 성공을 통해 다져진 자신감은 세일즈맨이 갖추어야 할 긍정적 자세임이 분명하다. 그럼에도 불구하고 이전의 성공적 전략을 현재 고객들에게 너무 무분별하게 적용할 경우, 자신감은 잠재된 성공을 가로막는 자만심으로 전락하고 만다. 그렇다면 자신에게 "난 세일즈에 대해 아는 것이 아무것도 없다"라고 말한다면 어떻게 될까? 당신은 그 즉시 이렇게 반응할 것이다. "아냐, 그건 사실이 아냐! 난 지금의 노하우를 쌓기 위해 평생 일했는걸."

그 충격이 어떨지 가만히 생각해보라. 당신은 자신만의 영업 노하우는 물론이고 제품, 고객, 회사에 관해 처음부터 다시 배워야 한다. 판매왕의 눈이 아닌 전혀 다른 눈을 통해 상황과 문제를 들여다봐야 한다.

새로운 아이디어나 시각, 그리고 기술에 항상 마음을 열어두는 것은 생각만큼 어렵지는 않다. 자신을 알아가는 동안 당신은 고객이 포장하고 있는 감정에 관해 많은 것을 배울 것이다. 당신이 느끼는 모든 감정—행복, 두려움, 분노, 무관심, 자신감, 불신—은 곧 고객의 체험이기도 하다. 이제 당신은 단지 고객을 이해하는 것이 아니라 고객과 공감할 수 있게 될 것이다. 선은 이러한 공통점의 발견이 친밀감과 교감으로 구체화된다고 말한다.

당신과 고객 사이에 공통점이 있다는 공감대가 형성되면 쌍방의 관계는 더 만족스럽고 유리해질 수 있다. 반면 서로 다르다는 느낌은 서로의 관점을 구분함으로써 결국 관계를 해치는 결과를 가져온다.

늘 처음처럼, 초심을 유지하라

선의 가르침 중에는 초심에 대한 언급이 자주 등장한다. 초심은 말하자면 '아무것도 모르는 마음'이다. 이는 오랫동안 세일즈에 종사했던 사람들에게 특히 중요한 교훈이다. 사람들은 종종 아무 것도 모르는 것을 아마추어적인 행동이라고 단정하지만, 사실은 그 반대다. 자신의 분야에서 최고의 자리를 고수하는 전문가들은 오히려 모든 상황에 초보자처럼 접근한다. 새로운 아이디어와 방법론에 촉각을 곤두세우며 유연하게 대처하는 것이다.

전문 세일즈맨은 초심을 고객과의 관계를 공고히 하는 기회로 활용한다. 이를 위해서는 '그곳에 가보았고 그것을 해봤다'는 식의 접근법은 던져버려야 한다. 실제로 고객을 마치 책처럼 읽어 내려가는 낙관적이고 오만한 태도는 물론이고 세일즈에 대해 모르는 게 없다는 식의 자세는 세일즈 경험을 확대하기보다 축소한다. 그것은 책의 겉표지만 보고 책을 판단하느라 정작 중요한 내용은 추측하는 행동에 지나지 않는다.

초심을 키우기 위해서는 먼저 자신과 고객, 그리고 자신의 직업을 새로운 시선으로 바라봐야 한다. 이렇게 얻은 열린 마음은 더 지혜로운 선택과 더 큰 성공의 기회로 이끌 것이다.

**자기
훈련 05**

세일즈를 하는 동안 당신이 들은 최고의 찬사를 적어보라.

-
-
-
-
-
-
-

세일즈는 전쟁이 아닌 외교이자 중재다

세일즈 노하우를 설명하다 보면 세일즈 기술을 전쟁기술과 비교하는 경우가 종종 있다. 덕분에 정면공격, 적을 분열시킨 다음 정복하기, 혹은 고대 중국의 전술 등이 세일즈의 전문용어로 자리 잡는 일도 적지 않다. 물론 이러한 방법론은 유용한 전략과 전술을 포함한 게 사실이다. 하지만 그렇다고 해서 세일즈를 전쟁에 비유한 해석을 전적으로 받아들였다간 자칫 문제가 발생할 수도 있다.

가령 세일즈를 '군인'(세일즈맨)이 '적'(경쟁자)과 벌이는 '싸움'으로 해석하는 경우, 고객은 원치 않는 두 가지 역할을 떠맡아야 한다.

- 싸움을 위한 전쟁터
- '우수한 병기'(전략과 전술)를 사용해 승리를 획득한 '군대'(세일즈 조직)에게 돌아갈 전리품

물론 대부분의 고객은 다른 사람의 싸움에 말려드는 것을 원치 않는다. 그들이 바라는 건 심사숙고와 테스트를 거쳐 가능한 한 자신의 계획과 문제와 예산에 맞는 최고의 제품을 구매하는 것이다. 100만 달러짜리 컴퓨터 시스템이나 5천 달러의 중고차, 혹은 월 30달러짜리 헬스클럽 회원권을 끊을 때도

마찬가지다. 고객은 다만 훌륭한 제품과 서비스를 보유한 회사를 대표하는, 식견과 신뢰를 갖춘 세일즈맨의 도움을 필요로 할 뿐이다.

사실 세일즈는 언제 싸움을 벌여서는 안 되는지를 이해하는 훈련이다. 만약 당신이 세일즈에서의 전투심을 경험하고 싶다면 군인의 자세 가운데 비폭력적인 요소만 본받는 것이 나을 것이다. 예를 들면 이런 것이다.

- 항상 힘겨운 도전에 부딪힐 준비를 하라.
- 자신의 훈련과 능력과 정직함을 믿어라.
- 원하는 결과를 만드는 데 정신을 집중하라.

만약 당신이 경쟁을 즐기는 사람이라면 자신의 에너지를 고객의 에너지와 결합할 수 있는 새로운 방법을 찾아보라. 고객이 해결해야 할 문제점을 발견하도록 도와주고 다른 사람은 제시할 수 없는 해법을 찾아내기 위해 부단히 노력하라.

선의 초심으로 세일즈에 임하면 기존의 상식적 접근법만 고수하는 사람에 비해 문제해결에 훨씬 유리해질 수 있다. 고객과 교감하며 창의력을 발휘하면 고객은 이 사실을 금방 알아차린다. 결국 자신의 욕구를 뒤로 하고 고객을 돕는 일에 발벗고 나서는 세일즈맨은 장기적으로 쌍방 모두에게 이익을 가져오게 된다.

때때로 고객은 경쟁사 간 경쟁심을 유발하여 싸움—가격경쟁의 형태로—을 부추기기도 한다. 하지만 절대 그 싸움에 말려들어서는 안 된다. 그 이유는 다음과 같다.

- 가격 이외에 어떤 이유로도 고객을 설득할 수 없는 상황이라면 그 고객에게 공을 들일 만한 가치가 있는지 재고해야 한다.
- 오직 가격에 따라 구입을 결정하는 고객은 제품에 대한 충성도가 낮다. 이들에게 반복구매나 다른 고객의 소개는 거의 기대할 수 없다.

두 마리 토끼를 쫓지 말라

많은 세일즈맨은 자신이 여러 가지 일을 한 번에 처리할 수 있다는 믿음과 자신감이 넘친 나머지 문제를 해결하기보다는 오히려 복잡하게 만드는 실수를 저지르곤 한다. 하지만 여러 가지 일을 동시에 병행하는 것은 2차적 활동 혹은 부수적 활동이 우선순위가 높은 활동에 지장을 주지 않을 때에만 가능하다.

운전을 예로 들어 설명해보자. 운전자들은 으레 우선순위를 두어야 할 안전운전에 방해받지 않으면서 라디오나 CD에 귀를 기울인다. 문제는 운전을 하는 동안 그 밖에 다른 일에 정신이 팔려 부주의하게 손을 움직일 때 발생한다. 운전 중에 전화통화를 하는 것은 물론이고 휴대폰의 버튼을 누르거나 전화번호를 받아 적고 혹은 뒷좌석에 있는 고객파일을 집기 위해 전방에서 눈을 떼는 것은 더더욱 위험하다. 이러한 운전자의 부주의가 곧잘 교통사고로 이어진다는 것은 이미 잘 알려진 사실이다.

세일즈 역시 마찬가지다. 고객을 대하는 동안에는 상대방이 말하고 행동하는 일거수일투족에 최대한 주의를 집중해야 한다. 그러지 않고 곧이어 무슨 말을 꺼낼까 생각하느라 건성으로 "아, 네" 하고 그럴듯하게 반응하다간 원하는 결과를 끌어내기가 어려울 수밖에 없다. 고객의 중요한 말과 제스처를 이미 놓쳐버린 뒤기 때문이다.

실제로 한 가지 일에 집중하면 다음과 같은 장점이 있다.

- 정보의 효율적 교환
- 오해의 감소
- 신뢰 구축
- 고객과 창의적 브레인스토밍brainstorming이 오갈 수 있는 열린 분위기 조성

반면 여러 가지 일을 병행하며 두 마리의 토끼를 쫓다 보면

대화 외의 다른 세일즈 활동에서도 불리함을 감수해야만 한다. 시장조사와 보고 역시 마찬가지다. 이와 같은 작업을 제대로 완수하기 위해서는 오직 해당 업무에만 신경을 쏟을 필요가 있다. 이렇게 한 가지 일에 몰입하다 보면 일을 중단하거나 방해받을 일도 없어진다. 그렇지 않고 동시에 많은 일을 처리하느라 제때 끝내지 못한 일이 하나 둘 쌓이다 보면 아래와 같이 문제가 커질 수 있다.

- 미처 끝내지 못한 일에 다시 착수하기 위해서는 이에 필요한 부수적인 업무를 반복해서 처리해야 하므로 스케줄이 더욱 빠듯해진다.
- 성취감과 목표의식이 결여된다. '그 보고서를 끝내야 하는데……' 등의 산만한 생각 때문에 다른 일에 집중할 수가 없다.
- 당신이 일을 끝내야만 자신의 일을 진행할 수 있는 동료와 매니저들이 스트레스를 받게 된다. 믿을 수 없는 사람이라는 악명을 만들지 않도록 조심해야 한다.

시간관리와 위기관리, 일의 우선순위를 정하는 부분에 대한 더 많은 정보가 필요하다면 10장을 참조하라.

삶과 세일즈 모두 현재에 충실하라

선의 핵심은 가능한 한 현재 순간에 머무는 데 있다. 물론 말처럼 쉬운 일은 아니다. 누구든지 단 15초 동안 천천히 숨을 내쉬며 마음을 가다듬으려고 해도 과거와 미래에 대한 생각들이 어느새 주마등처럼 펼쳐지게 마련이다.

많은 세일즈맨이 고객의 말을 듣는 동안 이와 비슷한 경험을 하곤 한다. 고객의 말은 전혀 들리지 않고 대신 다른 생각들이 머릿속에 맴도는 것이다. 다음 회의시간에 상사에게 무슨 말을 할까, 앞으로의 시장전망은 어떨까, 저녁은 뭘 먹을까 등등.

사실 언제나 매 순간에 충실하기란 거의 불가능하다. 방법이 있다면 눈앞의 주제에서 생각이 벗어난 것을 즉각 알아차려 침착하게 다시 주의를 집중하는 길뿐이다. 자신이 딴 생각을 하고 있다는 사실조차 깨닫지 못하거나 알면서도 바로잡을 의지가 없다면 시간이 지남에 따라 문제는 늘어날 수밖에 없으며 결국 영업력마저 떨어뜨리는 결과를 불러온다.

- 고객을 발견하고 마음을 사로잡아 친밀한 관계를 유지하는 데 자신감을 상실한다.
- 업무습관과 의사소통 능력이 현저히 떨어진다.
- 세일즈의 즐거움이 감소한다.

- 세일즈를 통한 수입이 줄어듦으로써 스스로를 망치는 결과를 초래한다.

  이런 경우 명상은 지금 현재에 충실하도록 만드는 좋은 대안이 된다.

제 4 장

—

거래를 앞두고
평온함을 유지하라

세일즈맨이 왜 명상을 해야 하는가

명상은 마음을 다스리는 방법이다. 그것을 몸소 실천하는 세일즈맨을 고객이 선호하는 데는 그만 한 이유가 있다. 고객은 자신에게 세심하게 귀 기울이고 충분히 이해하는 세일즈맨을 잊지 않고 존중한다. 그리고 필요할 때마다 이들을 찾게 된다. 그것은 바로 마음을 다스릴 줄 아는 세일즈맨이 다음과 같은 특징을 지니기 때문이다.

- 매 순간 작은 일에도 신경 쓰고 그것을 즐긴다.
- 고객과 동료의 말을 건성으로 듣는 법 없이 진심으로 귀 기울인다.
- 까다로운 고객과 동료를 짜증나는 훼방꾼으로 생각하지 않고 자기발전을 위한 교훈으로 삼는다.
- 퇴근이 곧 '고통 끝, 즐거움 시작'이라고 생각하는 대신 업무 중에 생길 수 있는 기복도 불평 없이 즐긴다.

명상은 자기발견과 자각이라는 여정을 시작하거나 계속하기 위한 훌륭한 방법이다. 선은 자신의 진정한 가치와 자아, 진정한 본질을 발견하는 것이 얼마나 의미 있는 노력인지 가르쳐 준다. 자신의 본질을 깨닫고 나면 그것을 무시하기란 쉽지 않다. 생각하고 말하고 행동하는 모든 것—실수조차도—이 자신의 본질에서 비롯되기 때문이다. 스트레스를 완화하는 데 특효약이나 다름없는 명상은 정신적으로 한 걸음 물러남으로써 본연의 사고와 지혜가 되살아나게끔 도와준다.

명상의 또 다른 효과는 과거와 미래에 관한 끊임없는 생각들로부터 쉬게 하는 데 있다. 과거를 재생한다는 것은 모순이다. 그렇게 하는 것은 불가능하다. 과거는 죽었고 사라졌으며, 역사의 콘크리트에 묻혀버렸다. 미래를 앞당기는 것 역시 불가능한 일이다. 결과를 미리 예측할 수도, 모든 환경을 통제할 수도 없기 때문이다. 계획을 세우고 목표를 정하는 것은 필요

자기 훈련 06

빠르고 쉬운 명상법 1

① 고요하고 사적인 공간을 찾아라. 소파나 바닥에 편안히 앉아라. 깊은 심호흡을 하되, 먼저 배가 불룩해지도록, 그런 다음 가슴이 불룩해지도록 한다.

② 천천히 끝까지 호흡하라. 속으로 들이마시는 것보다 겉으로 내뱉는 시간이 더 길어야 한다. 숨을 내뱉는 동안 배를 납작하게 하도록 노력하라.

③ 1분 정도 ①과 ②를 반복하라.

한 일이지만 미래를 생각하다 보면 공상은 늘고 행동은 줄어든다.

명상의 혜택은 당장 나타날 수도 있고, 오랜 시간 후에 드러날 수도 있다. 중요한 것은 초기의 학습곡선을 이해하는 것이다. 명상에 익숙해지려면 매일 1분이나 2분에서 시작하여 점차 명상시간을 늘려 나가는 것이 최선이다. 그러면서 좋은 점을 느낄 때까지는 명상시간을 늘리지 않는다. 헬스클럽에서 가벼운 웨이트 기계들로 운동하다 보면 더 무거운 것을 들어올릴 수 있는 능력이 키워진다. 명상도 이와 똑같은 방식으로 마음을 개발한다.

그저 존재하는 것만으로도 만족하라

많은 장점에도 불구하고, 몇 분 동안 명상 상태에서 말없이 앉아 있는 단순한 행위가 크로스워드 퍼즐(글자 맞추기 게임)을 풀거나, 심포니를 작곡하거나, 외국어를 번역하는 것과 같은 복잡한 일보다 더 어렵다고 느끼는 사람도 있다. 인간은 편안한 묵상이 불편하고 비생산적이기 때문에 몸을 움직이는 어떤 활동으로 묵상을 대치해야 한다고 스스로를 세뇌시켰기 때문이다. 처음에는 명상이 거북하고 어색할 수도 있다. 한동안은 그것을 참는 훈련과 인내심을 키우는 것 자체가 내성을 쌓는 수업이다.

명상에서 어려운 점은 시도 때도 없이 튀어나오는 두서없는 생각과 걱정근심, 공상을 처리하는 일이다. 그럴 때는 호흡에 정신을 집중하면—예를 들어 호흡의 박자를 세거나 숨을 들이마시고 내쉬는 시간을 재는 일—마음을 차분히 가라앉히는 데 도움이 된다.

마음이 완전히 가라앉으면, 놀랍게도 좋은 일들이 생기며 다음과 같은 사실을 더 분명하게 보게 된다.

- 나는 누구이며 나의 가치는 무엇인가.
- 나에게 필요한 것은 무엇이며 내가 원하는 것은 무엇인가.
- 모든 사람과 자연의 모든 것과 나의 관계는 어떠한가.

명상에 관해 당신이 가장 먼저 알게 되는 것은 현재의 순간에 머무는 것이 얼마나 어려운가 하는 점이다. 현재 순간에 대한 자각은 연습을 통해 개선된다. 그런 자각이 어렴풋하게 느껴지면 깨달음에 가까워진 것이다. 깨달음과 유사한, 이 매 순간의 자각은 인간이 계속되는 산만한 사고 때문에 빠져들지 못했던 자연스러운 존재 상태다. 다시 말해, 현재 상태에서 벗어난 것은 자연스러운 자각 상태가 아니다.

생각은 언제나 활발하게 돌아간다. 그렇지 않다면 당신은 죽어버리고 말 것이다. 하지만 생각이 언제 멈추는지는 알 수 없다. 생각은 평화롭고 즐겁게 한창 활동하고 있을 때 슬쩍 끼어든다. 생각은 당신이 현재 있는 곳에서, 현재 같이 있는 사람들에게서 당신을 낚아채 간다. 세일즈맨의 지나치게 활동적인 생각은 고객과의 집중적인 일대일 대화에 끼어들어 이렇게 소리치게 만들 수도 있다. "내일 간부회의 의제가 뭐였더라?"

명상은 단지 당신의 생각을 더 많이 통제할 수 있는 방법일 뿐이다. 유능한 운동선수가 근육을 조율하듯이, 유능한 세일즈맨은 자신의 생각을 조율해야 한다.

짧은 명상으로 자신을 기분 좋게 하라

커피 한 잔을 마시는 5분 동안 나머지 하루에 긍정적으로 영향을 미치는 명상을 수행할 수 있다. 무엇을 하고 있든 그 일은 자기인식을 증강할 수 있는 완벽한 시간과 장소가 된다. 잠재고객에게 전화를 거는 일, 고객을 만나는 일 그리고 동료의 이야기에 귀를 기울이는 것까지 모두 일하면서 동시에 발전할 수 있는 훌륭한 방법이다.

자신에게 집중하면서 세일즈를 하다 보면 마음챙김mind-fulness과 일상생활의 경험을 조화롭게 연결할 수 있다. 어떤 활동은 다른 활동에 비해 특별히 일에 집중할 수 있게 해주기도 한다. 몇 가지 다른 활동을 하면서 마음챙김 연습을 해보

라. 생활 그 자체를 계속되는 실험이라고 생각하라. 그리고 어떤 철학과 사고방식, 행동을 결합했을 때 당신에게 가장 유리한지를 자기반성을 통해 결정하라.

명상이란 물리적 행위는 성스럽거나, 신비스럽거나 정신적인 것이 아니다. 하지만 그 결과는 놀라울 수 있다. 명상 그 자체는 아주 단순하다.

- 바닥에 앉는 것
- 조용히 침묵하는 것
- 끊임없이 분주한 생각을 차분히 가라앉히는 것
- 아주 짧은 시간만이라도 자신의 진정한 본성이 겉으로 드러나게 하는 것

명상은 전통적인 고요와 침묵 접근법 외에도 셀 수 없이 많은 방법으로 할 수 있다. 명상과 다른 좋아하는 활동을 섞어서 하는 것 역시 일반적이다. 그 목적은 차분하고 맑은 마음으로 명상을 수행하는 것이다. 명상은 시간과 장소를 구애받지 않는다. 자투리 시간이나 긴 시간 동안 행할 수도 있다. 누군가 자신은 절대로 명상을 하지 않는다고 우길지라도, 사실은 명상을 하고 있는 것이다. 다만 명상을 다른 이름으로 부르고 있을 뿐이다. 다음과 같은 활동을 하면서 현재 순간에 몰두하는 것도 일종의 명상이다.

- 개울 한가운데서 낚시하기
- 꾸불꾸불한 도로에서 장거리 운전하기
- 텔레비전과 라디오를 끄고 흐릿한 불빛 아래 소파에 앉아 기분 좋은 생각에 몰두하기
- 전파망원경 데이터 기록에서 일정한 패턴 찾기와 같은 기계적이고 수학적인 복잡한 일
- 마라톤

안전하게 끝마칠 수 있는 반복적인 일은 활동적인 명상으로 안내한다. 장거리 달리기 선수들은 종종 달리다 명상의 상태에 빠진다고 한다. 도자기를 돌리기, 악기 연주하기 그리고 정원 손질하기도 일을 하면서 명상할 수 있는 방법이다. 처음에는 혼자 편안하게 앉아서 하는 전형적인 명상에 몰두하는 것이 더 쉬울 수도 있다.

명상의 결과는 다양하다. 때로는 영혼을 감동시키는 통찰력을 갖게 되고, 때로는 그저 피곤하거나 지루할 뿐이다. 경우에 따라 자신에 대해 스스로 발견한 진정한 본질이 현재 라이프 스타일과 맞지 않는다는 좌절감도 느낀다. 이럴 경우, 그 좌절감과 피로 혹은 지루함을 있는 그대로 받아들여라. 섣부른 결론이나 결정을 내리지 말라. 마음챙김에 최선을 다하라. 다음의 명상은 잃어버린 퍼즐 조각이 될 것이다. 중요한 깨달음을 가능하게 하는 퍼즐 조각 말이다.

세일즈맨을 위한 명상법

명상은 다음과 같이 한다.

- 방해를 받지 않는 조용한 장소에서
- 깨끗하고 냄새가 나지 않는 곳에서(간혹 소나무나 삼나무 향기를 더하기 위해 향을 피울 때도 있다)
- 너무 춥거나 너무 덥지 않은 곳에서
- 매일 같은 시간에

좌선은 앉아서 하는 전통적인 명상이다. 선에서는 원래 방석 위에 가부좌를 틀고 똑바로 앉아서 행했다. 엉덩이 밑에 쿠션을 놓아 척추를 곧게 유지하도록 하기도 했다. 척추를 곧게 세운 가부좌 자세는 터득하기 가장 어려운 자세이다. 가부좌를 하는 것에 익숙하지 않으면 바닥에 앉아 있는 것만으로도 몇 분만 지나면 물리적 통증 때문에 괴로울 수 있다. 통증의 원인은 대개 다음과 같다.

- 관절, 힘줄, 인대에 유연성이 부족하다.
- 오랫동안 운전하거나 소파에 앉아 있거나 컴퓨터 키보드 위로 등을 구부리고 있은 탓에 등의 근육이 제대로 발달되지 않았다.

그나마 다행인 것은 연습을 통해 가부좌를 하는 능력이 개선되고 통증이 감소한다는 것이다. 요가와 필라테스는 복근과 등, 다리 근육을 강화하는 훌륭한 방법이다. 규칙적인 스트레칭과 가벼운 웨이트 트레이닝 역시 추천할 만하다. 새로운 식사나 음식요법은 의학적으로 잘 맞는지 확인한 다음, 자격 있는 트레이너에게 배우고 무리하지 않게 천천히 시작하는 것이 좋다.

반가부좌는 힘든 가부좌로 나아가는 단계에 해당한다. 바닥에 가부좌로 앉는 것이 힘들면 바닥에 쿠션을 댄 의자의 끝에 앉아도 무방하다. 또 다른 방법은 엉덩이와 다리 사이에 두꺼운 쿠션을 대고 바닥에 무릎을 꿇고 앉는 것이다.

어떤 자세든 하나를 선택하여 등을 곧게 펴고 앉아라. 상체를 흔들거나 좌우나 앞뒤로 구부리지 말라. 어깨를 아래로 편안하게 내리되, 갑자기 축 늘어뜨리지 말라. 헐렁한 운동복을 입거나 꼭 끼는 옷은 느슨하게 풀어놓아 명상 도중 불편함을 피한다.

어떤 사람들은 눈을 감기도 하지만 눈을 감으면 공상이나 피곤함이 더 자주 찾아온다. 눈을 4분의 3 정도 뜨고 가볍게 아래를 응시한다. 이렇게 게슴츠레 응시하는 것이 시각적으로 산만하고 주변을 돌아보고 싶은 유혹이 생겨 어렵다면 눈을 감아라. 다만 졸지 않도록 조심한다.

이제 호흡을 해보자. 호흡의 속도를 가볍게 늦춘다. 복부에서부터 호흡을 하되, 복부가 팽창하고 수축하는 것을 느껴보라. 마음을 차분히 가라앉혀라. 이 모든 것이 명상을 하기 위함이다. 당신은 지금 명상을 하고 있다.

호흡의 박자를 세면 금세 마음이 평온해진다

명상을 통해서 수양하는 최고의 방법은 간단한 호흡법을 사용하는 것이다. 명상을 통해 호흡에 정신을 집중하다 보면 많은 생각에 치인 상태에서 자각 상태로, 그리고 그 생각을 받아들이고 생각에서 벗어날 수 있는 상태로 전이될 수 있다. 심호흡과 들이쉬기, 내쉬기의 타이밍에 정신을 집중하면 머릿속으로 끊임없이 생각이 들락날락하는 것을 줄일 수 있다. 원치 않는 생각들이 떠오르면 그 생각들을 받아들이되 그것에 얽매이지 말라. 그리고 다시 호흡에 정신을 집중하라.

끊임없이 생각이 오락가락하는 것을 사로잡는 방법 중 하나는 명상하는 동안 수학적 계산에 집중하는 것이다. 숨을 들이쉴 때 '1'을, 내쉴 때 '2'를, 다시 들이쉴 때 '3'을 세는 등 숫자세기를 계속한다. 한 가지 생각이 집요하게 끼어들면 그것을 받아들여라. 그 생각을 좋거나 나쁜 생각으로 판단하지 말고, 다만 하나의 생각으로 자연스럽게 말이다. 그리고 다시 '1'을 세기 시작한다. 연습을 거듭할수록 명상을 하는 동안 수를 셀 필요가 없어질 것이다. 하지만 필요할 때는 뒤로 물러서는 것도 훌륭한 방법이다.

또 다른 호흡 정신집중 기법에는 콧구멍을 막고 하는 방법이 있다. 한 손가락으로 왼쪽 콧구멍을 막고 오른쪽 콧구멍으로만 세 번 숨을 들이쉬고 내쉬면서 호흡한다. 이번에는 오른쪽 콧구멍을 막고 왼쪽 콧구멍으로 세 번 숨을 들이쉬고 내쉰다음, 두 콧구멍으로 세 번 호흡한다. 이런 주기를 반복한다.

자기 훈련 07

수를 세면서 얻는 평온함

초침이 있는 시계를 사용하여 30초 동안 몇 가지 생각이 떠올랐는지 손가락으로 세어보라. 생각은 "참 멋진 시계다"에서부터 "배고프다", "이건 쓸데없는 연습이야"에 이르기까지 모든 것을 다 포함한다.

결과(30초 동안 떠오른 생각의 수) : _____

이제 호흡에 정신을 집중하는 동안 연습을 반복하라. 30초가 돌아가기 시작하면, 들숨('1')과 날숨('2')을 쉴 때마다 수를 세라. 그리고 시간이 끝날 때까지 계속 센다('3, 4, 5'). 호흡을 세는 동안 손가락으로 몇 가지의 생각이 떠오르는지 세어보라.

결과(30초 동안 떠오른 생각의 수) : _____

두 번째 연습 때는 첫 번째 연습의 결과보다 더 낮은 숫자가 나온다. 호흡을 세는 일에 몰두하다 보면 단순한 일에 마음이 팔려 쉽게 평온해진다. 이것이 명상을 배우는 간단한 방법이다.

이렇게 하다 보면 자신만의 명상 스타일을 개발할 수 있다. 가능하면 이 책에서 소개한 명상법을 조용히 혼자서 수행하라. 처음에 이런 경험에 쉽게 적응이 안 된다고 놀랄 필요는 없다. 자신이 내적으로 얼마나 시끄러운 사람인지를 발견하는 것이야말로 놀라운 일이다. 여기서의 목표는 도를 깨우치거나 신비한 체험을 하는 것이 아니라 단지 마음의 평화를 얻는 것이다.

간단한 가부좌 명상법

① 척추를 곧게 세우고 편안하게 앉는다.
② 편안한 대로 눈을 감거나 반쯤 뜬다.

- 눈을 감으면 졸음이 올 때가 있다. 그럴 경우 눈을 살짝 뜬다.
- 도움이 된다면, 앞에 있는 움직이지 않는 물체에 가볍게 시선을 고정한다.
- 거울이나 밖으로 향한 창문을 마주 보고 있으면 시각적으로 방해를 많이 받을 수 있다.

③ 처음으로 평범하게 호흡하다 자신이 어떻게 호흡하고 있는지 살펴보라.

- 얕게 호흡하고 있는가, 깊게 호흡하고 있는가?

- 숨을 들이쉴 때마다 몇 초가 걸리는가?
- 숨을 내쉴 때마다 몇 초가 걸리는가?
- 입으로 숨을 들이쉬는가, 코로 숨을 들이쉬는가? 숨을 내쉬는 것은 어떤가? 어느 쪽이든 상관없다. 그냥 살펴보라.

④ 1~2초 정도 숨을 들이쉬는 시간을 늘려라.

⑤ 가능하면 3~4초 정도 숨을 내쉬는 시간을 늘려라.

⑥ 숨을 들이쉴 때마다 먼저 배가 불룩해지고, 그런 다음 가슴이 불룩해지는지를 느껴보라.

- 처음에 배가 불룩해지는 것이 너무 이상하게 보일 것이다. 하지만 배꼽 위로 2인치는 몸의 중심이다. 호흡은 그곳에서부터 나와야 한다.

⑦ 숨을 내쉴 때마다 뱃속에 공기가 거의 없어질 때까지 배가 납작해지는지를 느껴보라.

⑧ 이런 심호흡의 수를 세는 동안, 마음속에 떠오르는 생각에 집중하라.

- 그것이 과거에 대한 생각인가, 미래에 대한 생각인가? 어느 쪽이든 그 생각은 당신을 현재의 순간에서 빼내 간다.
- 생각을 살피되, 즉시 몰아내지는 말라. 생각이 들어오는 것을 받아들여라. 그런 다음 그 생각이 흩어져서 다시 차분하고 머릿속이 맑아지도록 하라.

⑨ 생각을 보고, 받아들이고, 밖으로 나가게 하는 과정에 편안

해져라.

- 처음에는 이 생각 저 생각이 자주 떠오른다.
- 조금 시간이 지나면 생각과 생각이 떠오르는 간격이 점점 길어지는 것을 알게 된다.

⑩ 몸에 주의를 집중하라. 아픈 데는 없는가, 불편한 데는 없는가?

- 어느 한 군데가 아프면 앉은 자세를 바꿔라.
- 몸이 아픈 것이 아니라 단지 신경이 쓰인다면, 주의를 집중해야 하는 만큼 긴 시간에 집중하라. 그런 다음 호흡명상으로 되돌아가라.

자신이 느끼는 것이 무엇인지, 생각을 하고 있지 않을 때는 언제인지를 살펴보라. 호흡하면서 미소를 지어보라. 명상하는 동안 즐거운 마음으로 웃어라. 자신만의 유일한 반응을 개발해보라.

처음 몇 분 동안은 오직 명상하는 일에만 집중하라. 그렇게 5분, 10분, 15분, 혹은 그 이상으로 명상만 할 수 있을 때까지 천천히 시간을 늘려라.

차분한 마음으로 하다 보면 고객의 필요에 관심을 쏟기 위한 준비가 훨씬 더 잘 갖춰진다.

Part 2

억대 연봉으로 가는
명상 세일즈 기법
실전편

제 5 장

—

명상 세일즈 기법으로
고객과 접속하기

세일즈의 기본은 무엇인가?

명상 세일즈의 접근법은 세일즈맨의 숙련도를 다음 사항에 관한 지식으로 간주한다.

● 판매회사의 사업, 우선순위 및 목표
● 판매회사의 제품, 특징 및 이익, 취약점
● 경쟁제품의 강점과 약점
● 전형적으로 고객이 제기하는 이의와 이에 대한 세일즈맨의 적절한 반응
● 다음 수준으로 토론을 이끌어가기 위해 묻는 중요한 질문

이것이 세일즈의 기본이 되어야 하지만, 많은 세일즈맨이 잠재고객이나 기존의 고객과 첫 접촉을 시도하기 전에 이런 최소한의 정보를 수집하지 않는다. 이런 기본을 무시하고 선의 정신만 가지고 고객과 관계를 형성하려는 것은 물감 없이 명작을 그리려는 화가나 다름없다.

고객을 통제한다는 오만을 버려라

　성공한 세일즈맨이 고객을 통제하는 일에 고수라고 생각한다면 그것은 오산이다. 세일즈맨으로 성공한 사람은 고객을 통제하기보다는 고객과 의사소통하고 접촉하는 일에 고수이다. 세일즈는 통제하는 것이 아니라, 다음과 같은 것이다.

● 신뢰와 믿음 구축하기
● 고객의 필요와 성향을 배려하는 마음으로 이해하기
● 고객 교육하기
● 구매의 방해물 제거하기
● 약속을 지키고, 훌륭한 서비스와 지원으로 사후 관리하기

　아직도 많은 세일즈맨이 고객을 통제하려는 희망을 버리지 못하고 있다. 이런 마음을 물리치려면, "난 내 고객을 통제하지 않는다. 나는 그들이 무엇을 사는지 언제 사는지를 통제할 수 없다"라고 중얼거려라. 이것은 무서운 말이다. 하지만 정확한 말이다. 고객이 무엇을 살지 모른다는 것을 인정하면 그 순간은 불안하겠지만 결국엔 당신이 자유로워진다. 모른다는 자세, 통제하지 않는 자세에서 오는 자유 덕분에 더 많은 유연성과 창의력, 파트너십과 친밀감을 가지고 세일즈를 할 수 있다.
　통제는 통제자와 피통제자 모두에게 스트레스가 된다. 당신

이 고객을 통제하려 하지 않는다는 것을 고객이 알면, 그들은 일단 안심한다. 안심한 고객은 방어적이고 신중하며 스트레스에 쌓인 고객보다 더 다루기 쉽다.

고객을 통제하는 것을 포기한다고 해서 당신의 메시지를 전달하는 것을 포기하는 것은 아니다. 오히려 그 반대다. 메시지는 비위협적인 조건에서 더 잘 전달된다. 고객의 통제가 더 이상 목표가 아닐 때, 자신의 의견과 신념을 고객에게 표현할 수 있고 또 그 반대로 고객의 의견을 요청할 수 있는 더 좋은 기회를 더욱 많이 확보할 것이다. 자유롭고 진솔한 의견의 교환은 상대방을 이해할 수 있도록 쌍방에게 도움을 준다.

통제하지 않으면 고객이 갖고 있는 공통적인 두려움을 없애는 데 도움을 준다. 예를 들면 이런 것들이다.

- 새로운 사람을 만나는 두려움
- 특히 세일즈맨을 만나는 두려움
- 무언가를 구매하도록 설득당하는 두려움
- 멋진 그림책에서 무언가 중요한 것을 빠뜨리는 듯한 두려움

이런 두려움이 치명적인 것은 아니지만, 그럼에도 불구하고 세일즈를 저해하는 것이 사실이다. 이와 같은 잠재적 두려움을 인식하고 공감한다면 비위협적이고 생산적인 대화로 쉽게 나아갈 수 있다.

고객에게 압박을 가하지 않으려면 세일즈맨이 일찌감치 뒤로 물러서는 것이 상책이다. 이렇게 말하는 것은 어떤가?

"아시다시피, 저희 제품이 지금 당장 선생님께 필요하지 않을 수도 있습니다. 잠시 이야기를 나눠보시면 이런 종류의 제품이 귀사의 미래에 어떤 영향을 미치는지 충분히 아시게 될 겁니다. 하지만 맞지 않는다고 해도 절대 부담 갖지 마십시오."

이러면 고객은 안도의 숨을 몰아쉴 것이다. 경계심은 줄어들고, 훌륭한 의사소통과 미래의 관계를 구축하기 위한 문은 활짝 열리게 된다.

자기 훈련 08

자신의 가장 뛰어난 세일즈 재능을 적어보라.

-
-
-
-
-
-
-

관계형성을 통한 세일즈는
일종의 사고방식이지 기술이 아니다

관계형성을 통한 세일즈는 세일즈맨의 지위가 단순한 판매자에서 파트너 그리고 믿을 만한 조언자로 꾸준하게 상승하는 것을 의미한다. 기업을 상대하는 비즈니스의 세계에서 관계형성을 통한 세일즈는 이미 그 효력이 입증되었다. 소비자를 상대하는 기업도 빠르게 뒤따라가고 있다.

중요한 것은 고객과 판매자의 감정적 결속과 신뢰다. 얼굴을 마주 대하는 상호관계는 누구나 선호하는 출발점이지만, 아마존이나 이베이와 같은 정통 온라인 세일즈 기업들은 환영메시지와 개별 고객을 위한 광범위한 단골확보 수단으로 반복구매를 유도하기 위해 안간힘을 쓰고 있다.

세일즈에는 다음과 같은 몇몇 그룹과의 의사소통 작업이 포함된다.

- 고객
- 동료
- 임원
- 고객지원 담당자
- 부하직원(가능하다면)

감정적으로 고객과 친밀해지는 첫 걸음은 감정적으로 자기 자신과 친숙해지는 것이다. 고객과의 의사소통의 깊이와 그 효과는 세일즈맨으로서의 성공을 좌우한다.

의사소통 방식은 자신과 타인을 바라보는 방식에 따라 결정된다. 타인을 자신의 행복과 개인적 목표를 좌절시키는 존재나 방해물로 바라보면, 그들은 정말 그렇게 행동한다. 일에서나 보편적인 면에서 다른 사람들을 친밀한 존재로 바라본다면, 일과 스스로를 동시에 발전시킬 수 있는 무한한 기회를 갖게 될 것이다.

첫 번째 장애물 : 신뢰 구축하기

고객에게 제품을 파는 가장 좋은 방법은 신뢰와 정직, 성실을 바탕으로 한 관계를 구축하는 것이다. 이런 원칙을 가슴에 새긴다면—이것을 단지 세일즈의 전술로 사용하는 것이 아니라—당신은 고객의 눈이나 자신의 눈에 성실하게 보일 것이다. 스스로를 신뢰할 만하고 정직한 사람으로 여기는 것은 세일즈맨으로서의 역할뿐 아니라 삶의 많은 측면에도 긍정적인 영향을 미친다.

세일즈맨에게 가장 좋은 것은 고객과 장기적 관계를 맺는 것이다. 반복적인 비즈니스는 가장 달콤한 비즈니스이다. 추가주문을 위해 힘겹게 일할 필요도 없고, 세일즈맨이 지속적으로 고객의 성공에 기여하기 때문이다. 고객은 당신과 회사를 잘 알고, 당신과 제품을 신뢰하게 된다. 당신은 스스로의 가치를 증명한 셈이다.

장기적이고 상호 신뢰적인 고객과의 관계를 창출하고 유지하는 데는 노력이 필요하다. 불행히도 많은 세일즈맨이 장기적 관계를 구축할 시간도, 관심도, 욕구도 없다. 판매를 바탕으로 한 '무조건 팔고 보자 식' churn and burn(세일즈맨은 온갖 감언이설로 물건을 팔고 고객은 구매 후 사기를 당했다고 느끼는 것-옮긴이) 세일즈는 세일즈맨이 성공하지 못하는 이유 가운데 하나다.

신뢰는 마음을 챙기는mindful 세일즈에서 생긴 자연스러운 부산물이다. 자신의 가치와 윤리를 일에 적용하는 세일즈맨은 신뢰를 구축하기 쉽다. 잠재고객, 기존 고객, 동료, 부하직원 그리고 상사를 대할 때 정직하고 성실한 자세로 임하면 이중성이 사라지고 스트레스가 줄어들며 일이 단순해진다.

두 번째 장애물 :
동정심을 유발해 고객과 친숙해지기

당신이 느꼈던 모든 감정—슬픔, 기쁨, 두려움, 희망, 분노, 사랑—은 고객도 느껴본 것들이다. 당신은 특별한 존재이며, 유일무이하고 특별한 배려를 받을 만한 가치가 있다. 당신의 고객도 마찬가지다. 이렇게 바라보고 행동한다면, 이 공통점으로 자연스럽게 동정심이 우러난다.

동정심이란 결국 고객을 아는 단계에서 고객과 사이좋게 지내는 단계로 올라가는 엘리베이터와 같은 것이다. 이런 관계는 고객을 당신으로, 다만 다른 역할을 하는 당신으로 규정한다. 적극적으로 듣는 것은 고객의 말을 마치 당신이 고객에게 말하고 있는 것처럼 들어주는 것을 의미한다. 그렇게 함으로써 단절되었다는 느낌을 줄일 수 있으며 고객이 말을 하는 동안 답변할 말을 준비할 수 있다. 적극적인 듣기 기술이 없는 세일즈맨은 고객과 친숙한 관계를 형성하는 데 어려움을 느끼게 된다.

고객과의 친밀한 관계를 형성하려면 주의가 산만해지는 것을 막고 현재의 순간에 몰두하려는 끊임없는 노력이 필요하다. 겉으로 표출되지 않은 생각이나 혼란스러운 생각들이 당신 안에 자리 잡으면, 그저 그것을 받아들이고 그것이 중요한 생각인지 아닌지 잠깐 생각하라. 그런 다음 다시 고객에게 관심을 집중하라.

선심禪心은 선심 자체가 세상과, 모든 사람과 그리고 모든 만물과 연결되어 있다고 간주한다. 관계형성에는 동정심과 공감이 필요하다. 이 두 용어는 대개 친밀한 관계에서나 사용되는 말이다. 하지만 동정심과 공감이 어째서 가까운 관계에만 국한되어야 하는가? 이 두 감정은 일에도 똑같이 적용할 수 있으며, 충분히 그럴 만한 가치가 있다.

동정심은 측은한 마음 혹은 공감하는 마음이다. 측은함은 "나는 지금 당신이 어려움을 겪고 있다는 것을 알고 있습니다"라는 마음이 드는 것이다. 공감은 "나는 당신이 어려워하는 것을 절실히 느끼고 있습니다"라는 것이다. 세일즈맨과 고객과의 관계는 동정심이 있을 때 튼튼해지지만, 공감하는 마음이 생길 때 한층 더 공고해진다. 그것이 바로 더 깊은 수준으로 발전한 관계형성을 통한 세일즈다. 즉, 동정적 세일즈다.

동정적 세일즈는 마술이 아니다. 또 항상 성공으로 연결되는 것도 아니다. 일을 하기 위해 어떤 관계를 형성하려면 쌍방이 있어야 한다. 손뼉도 마주쳐야 소리가 나지 않는가. 당신이 그렇듯이 고객도 일진이 사나울 때가 있다. 고객과 관계를 형성하지 못하는 것은 당신이나 제품 혹은 회사에 대한 고객의 관심이 결여되었음을 의미한다. 자연스러운 관계를 형성하지 못하도록 가로막는 이유나 문제가 고객 쪽에 있을 수 있다. 그것이 무슨 이유이든 동정심과 공감을 바탕으로 한 노력에 대한 성과가 빈약할 수도 있다. 이럴 때는 다음과 같은 사실을 염두에 두어라.

● 동정적 관계를 형성하려고 시도했다고 해서 손해 보는 것은 아무것도 없다.

- 당신의 시도는 초기에 긍정적 인상을 심어주어 추후 판매로 연결될 수 있다.

  고객과 동정적 관계를 형성하는 데 노련해지면 세일즈 밖에서의 생활에도 긍정적 효과가 미친다. 세일즈맨이라는 직업은 개인의 발전과 자기인식을 넓히기 위한 시험대이다. 당신이 고객에게 최고의 것을 넘겨주었을 때 자기수양은 덤으로 이루어진다.

자기 훈련 09

운전을 하다가 뒤에서 해쓱한 표정으로 너무 바짝 따라오는 운전자를 볼 때 당신은 어떻게 행동하는가?

- 그 운전자가 추월하도록 길을 비켜준다.
- 그 운전자에게 긴장을 줄만큼 브레이크를 살짝 살짝 밟는다.
- 그 운전자가 놀라도록 브레이크를 힘껏 밟는다.

동정적인 관점에서 보면, 그 운전자는 자녀가 학교에서 사고를 당해 병원에 실려 갔다는 소식을 듣고 달려가고 있다는 상황을 설정할 수 있다. 이것이 얼마나 신빙성이 있는지는 중요하지 않다. 그 사람의 운전은 안정감이 없고 위험하다. 바짝 달라붙어 당신을 겁주려는 것이 아니라, 빨리 병원에 도착하고 싶은 마음이 간절하기 때문이다. 당신이 그와 유사한 상황에 처하면 당신도 그런 식으로 운전할지 모른다. 불쾌해진 자아("아니, 어떻게 저럴 수 있지!?")에서 한 걸음만 뒤로 물러서는 것이 동정적 사고와 자기인식을 갖는 첫 걸음이다.

듣는 기술

고객과 친밀한 관계를 형성하고 강화하려면 상대의 말을 성의 있게 들어주는 것이 기본이다. 고객이 이야기하는 동안 세일즈맨이 하기 가장 어려운 일 중 하나는 겉으로 튀어나오려고 하는 숱한 선전문구를 조용히 가라앉히는 것이다. 이런 원치 않는 팝업광고pop-up ads(인터넷상에서 저절로 튀어나오는 광고—옮긴이)는 표면상으로는 세일즈에 도움을 주는 것 같지만, 사실은 그렇지 않다. 상대방의 말을 잘 들으려면 산만한 마음보다는 차분한 마음이 되어야 한다. 고객이 이야기를 하는 동안 세일즈맨의 마음속에서는 주제 넘는 명령과 제안이 쏟아져 나온다. 거기엔 다음과 같은 사소한 것도 포함된다.

- "우리 제품의 자가구성self-configuration 키우는 걸 잊지 마."
- "이 거래를 성사하지 못하면 할당액을 채우기 위해 법석을 떨어야 하는데."
- "다음번엔 경쟁자를 물리치고 말 테다."
- "지금 저 여자가 무슨 말을 하고 있는 거지? 나도 중요하게 할 말이 많은데!"

고객의 말에 귀를 기울여 잘 듣지 않았다는 것은 태만으로 인한 직무유기나 다름없다. 이런 실수가 초기에 발생하면 관계가 무르익기도 전에 시들어 죽을 수도 있다. 거래를 성사하려 애쓰다 이런 실수를 저지른다면, 손을 쓸 수 있는 시점이 훨씬 지나서야 빨간불이 켜지는 것을 보게 된다. "그 거래를 어째서 놓쳤는지 정말 이유를 모르겠어"라고 말할 것인가? 그건 바로 당신이 고객의 말을 제대로 들어주지 않았기 때문이다.

당신이 고객의 말을 건성으로 듣고 있으면 고객은 그것을 바로 눈치 챈다. 어떻게 아는 것일까?

- 당신의 시선이 이리저리 산만하게 굴러간다.
- 고객의 말에 끼어들어 당신의 의견을 강조한다.
- 고객에게 대신 결론을 내려준다.
- 당신의 말이 고객의 요구나 문제와 일치하지 않는다.

고객의 말을 잘 들어주면 우선 고객에게 존중받는다. 내 이야기를 누군가 들어주면 기분이 좋다. 이해받으면 더더욱 좋다. 그런 느낌을 받은 고객은 세일즈맨의 말과 판매하는 상품에 귀를 기울인다. 이것을 대화의 카르마karma 라고 한다.

고객에게 당신이 잘 듣고 있다는 것을 보여주는 한 가지 방법은 고객이 이야기하는 요점을 다시 정리해서 말해주는 것이다. "그러니까 …… 이렇단 말씀이시죠?" 이것으로 사업, 경쟁, 그리고 당신의 회사에 대한 고객의 성향과 견해를 포함하여 고객이 필요로 하는 주된 분야를 마음속에 새기는 이익이 덤으로 생긴다.

세 번째 장애물 : 고객의 거짓말을 간파하기

고객의 말에 귀를 기울이다 보면 뭐가 거짓말이고 누락된 말인지, 반쯤 진실인 말이 무엇인지를 잘 가려낼 수가 있다. 이런 그릇된 정보를 감지하면 세일즈 전략을 짤 때와 그 고객을 계속 쫓을지 말지를 결정할 때 아주 유익하다.

아이들은 절대로 먼저 거짓말을 하지 않는다. 거짓말은 학습된다. 자폐증을 앓고 있는 아이는 거짓말을 하지도 않고 거짓말을 분간하지도 못한다. 하지만 자폐증의 세계는 외로운 세계다. 평범한 세계에서 거짓말을 하는 것은 때때로 세련된 능력으로 간주된다. 거짓말하는 능력으로 칭송받는 사람도 있다.

심리치료사인 로리 바이스Laurie Weiss 박사에 의하면, 보통 사람은 하루에 거짓말을 세 번 한다고 한다. 그렇다면 고객은 어떨까? 고객은 다음과 같은 이유로 거짓말을 한다.

- 거짓말은 진실보다 전달하기가 더 쉽다―아니면 더 쉽게 받아들여진다―고 생각한다.
- 제품에 문외한인 것을 숨기고 싶어한다.
- 현재의 납품업자와의 관계에 관해 무언가 숨기는 것이 있다.
- 당신을 지켜워하며 당신의 말이 끝나길 기다린다.

사람들은 대부분 다른 사람이 하는 거짓말을 제대로 탐지하

지 못한다. 절대적이라곤 할 수 없지만, 여기 거짓말을 할 때 나타나는 몇 가지 징조를 살펴보자

- 몸이나 손 그리고 손가락의 움직임이 하고 있는 말과 자연스럽게 어울리지 않는다.
- 대답하기 전에 너무 긴 시간을 끈다.
- 다른 때에 비해 시선을 덜 마주친다. 아니면 눈을 더 많이 깜박거린다.
- 말을 하는 동안 시선을 아래로 떨군다. 위를 흘끔 쳐다볼 때는 진실한 생각을 하고 있을 때가 많다.
- 목소리가 높아진다.
- 평소보다 덜 웃거나 너무 오래 웃는다.

하지만 이런 징조는 비교적 널리 알려졌다. 특히 상습적인 거짓말쟁이의 세계에서는 더욱 그렇다. 따라서 이런 징조는

자기 훈련10

고객이 세일즈에 영향을 미치는 거짓말을 몇 번이나 했는지 적어보라.

-
-
-
-
-

고의로 감추고 듣는 사람을 교묘하게 속일 수 있다.

거짓말을 하고 있다는 것을 알면 세일즈맨은 대비책을 세울 수 있다. 자, 이제 주어진 정보를 확인하라. 사전조사를 하라. 대부분은 눈과 귀로 직접 확인하라.

사실을 잘못 전달하지 않고 고객과 항상 정직한 관계만 유지하는 것은 상호 정직한 관계를 쌓기 위한 토대를 마련하는 것과 같다. 리더가 더 높은 길로 올라가면, 나머지는 따라가게 마련이다.

이제, 맞춤형 세일즈 전략을 세워라

어떤 고객을 만나 최초의 관계를 설정했다면, 그 다음 단계는 각 고객별로 메시지를 작성하고 그것을 전달하는 최선의 방법이 무엇인지 결정하는 일이다. 이것이 바로 세일즈 전략이다.

세일즈 전략의 목표는 고객에게서 구매동의를 받아내는 것이다. 세일즈 전략은 경쟁회사의 제품보다 우수한 당신의 제품이 지닌 문제해결 능력과 장점을 인정하도록 고객을 교육하고 안내하는 장·단기 계획으로 구성된다.

세일즈 전략을 짜려면 먼저 다음과 같은 고객의 문제를 확인하고 이해해야 한다.

- 전반적 사업목표 혹은 회사의 사명
- 해결책을 필요로 하는 문제와 고된 분야
- 즉시 필요한 것과 조금 뒤에 필요한 것
- 회사, 제품 및 사람들에 관한 성향과 선호
- 신분, 조직 내에서의 지위 및 영향력의 수준

고객은 자신의 문제, 즉 필요한 것이나 자신의 성향을 잘 모를 수도 있다. 때로 고객은 자신의 영향력에 대해서도 분명한 태도를 취하지 않는다. 고객이 자신의 문제를 분명하게 규정—심지어 발견—할 수 있도록 도와주는 것은 세일즈 전략의 중요한 부분을 차지한다. 법인고객의 경우, 세일즈 전략의 일부로 파헤쳐야 할 공통적 문제 영역에는 다음과 같은 분야가 포함된다.

- 열악한 생산성 혹은 시간 관리
- 열악한 재무 관리
- 정보에 대한 열악한 접근
- 저조한 실적
- 열등한 기업 이미지 혹은 종업원의 사기

이런 정보로 무장한 당신은 고객에게 메시지를 전달하기 위한 방법론을 체계적으로 세울 수 있다. 이런 정보가 없다면,

당신은 기존과 같은 강매조의 설득으로 세일즈를 펼치며 그것이 먹혀들길 기다리고 있을 것이다. 이런 비전략 non-strategy 은 신문구독 판촉전화와 장거리 서비스와 같은 거래 중심 세일즈에서는 비용과 시간 면에서 효율적일 수 있다. 하지만 대부분의 세일즈 캠페인에서는 성공하지 못한다.

한 가지 전략이 모든 세일즈에 다 들어맞는 것은 아니다. 열 명의 각기 다른 고객에게 적극적으로 상품을 팔고 있다면, 열 가지 다른 전략이 필요하다. 한 고객에게 훌륭한 전략이 다른 고객에게는 최악의 접근방법이 될 수도 있다.

하나의 전략을 모든 고객에게 적용하는 것은 요행을 바라는 것과 같다. 세일즈의 세계에서 요행은 최대한 버리는 것이 상책이다.

자기 훈련 11

자신의 세일즈 방식에서 바꾸고 싶은 것을 적어보라.

-
-
-
-
-

브레인스토밍은 팀 스포츠처럼 행하라

한 고객을 위한 전략을 짜려면 일시적이나마 고객이 원하는 것에 관한 기존의 선입견을 던져버리는 오픈 마인드의 브레인스토밍이 필요하다. 만약 팀 구성원이 당신 혼자라면, 브레인스토밍은 솔로 연주가 될 것이다.

개개인이 모인 팀이 특정한 고객과 연결되어 있다면, 팀원이 모두 모여 전략을 짜는 브레인스토밍 회의를 열어라. 조용한 방에서 회의를 함으로써 주의가 산만해지는 방해요소를 없애거나 최소화하라. 팀의 리더가 고객에 관한 기초훈련을 시키고 난 뒤 폭넓고 자유로운 토론을 벌여라. 시간관리의 목표를 위해 다음과 같은 일정은 어떨까.

- 브레인스토밍 30분
- 최고 아이디어를 뽑는 데 10분
- 행동계획을 짜는 데 20분

모든 아이디어와 관찰한 내용을 아무렇게나 빨리 적어본다. 종이, 키보드, 화이트보드 혹은 플립 차트 등 뭐든지 좋다. 자유로운 생각을 모두 꺼내놓았으면, 화살표나 숫자 혹은 그림을 이용해서 서로 관련되는 아이디어를 연결하라. 종류대로 분류하라. 이는 각 고객별로 개별화된 세일즈 전략을 짜기 위해서

다. 고객과의 대화에서 더 많은 정보를 입수하는 대로 전략을 바꾸거나 다시 짜야 할지도 모른다는 가능성을 열어둬라.

해결책이 보이지 않는 문제 영역이나 문제에 도달하면, 혼자 전략을 짜든 팀으로 전략을 짜든, 더는 생각하지 말라. 휴식시간을 갖거나 그냥 시간이 가도록 내버려두어라. 농담을 주고받아라. 정신적으로 한 걸음 뒤로 물러나 잠시 문제에서 벗어나라. 억지로 생각에 몰두하다 보면 생각이 생각의 꼬리를 물고, 똑같은 사실과 의견에 사로잡히게 된다. 마음이 복잡하면 명쾌한 해답이 떠오르지 않는다.

세일즈 전략이 완성되면, 안전한 곳에 그 전략을 보관하고 그것을 자주 열어보라. 영업제안서가 완성되면 그 전략을 활용하라. 영업설명서를 만든 후에는 그 전략을 사용하라. 결산서를 만들 때도 그것을 써보라.

고객을 교육하라

제품이 고객의 문제를 해결한다는 쪽으로 고객을 교육하다 보면 성공이 희미하게 보인다. 이 교육은 짧지 않을 수도 있다. 세일즈맨은 상당한 노력과 시간을 기울여야 한다. 정보를 수집하고 메시지를 전달하는 과정에서 나쁜 제품이나 고객의 성향이나 그 밖의 다른 이유 때문에 세일즈가 쉽게 이루어지지 않을 것 같으면 시간과 노력을 더 기울일 필요가 있는지 판단하라. 이것을 기회비용평가opportunity cost assessment 라고 한다.

고객의 관점에 대한 이해는 효과적인 판매 메시지의 구상과 소개에 필수적이다. 고객의 인식을 염두에 두고, 그것에 따라 메시지와 소개방법을 구상하라. 예를 들어 메시지 기획을 위한 주제는 다음과 같다.

- 제품에 관한 어떤 정보를 고객에게 가르쳐줄 것인가?
- 회사에 관한 어떤 정보를 고객에게 제공할 것인가?
- 업계와 경쟁사에 관한 어떤 정보를 고객에게 줄 것인가?
- 당신에 관해서는 어떤 정보를 고객에게 가르쳐줄 것인가?
- 당신은 고객과 어떤 종류의 관계를 맺고 싶은가?

메시지는 이해하기 쉽고 간결할수록 좋다. 각 제품의 요소가 특정 고객의 필요에 어떻게 맞추어지는지를 명확하게 설명하라. 구체적 명세서가 일반적 개론보다 훨씬 낫다. 그리고 회사제품을 성공적으로 활용한 다른 고객—특히 같은 업계에서 조회 가능한 고객—의 사례는 특히 설득력이 있다.

다음은 고객화 된, 고객 중심의 이익에 관한 메시지의 한 예이다.

"스페이슬리 주식회사의 원격 헤드쿼터 네트워크 수행능력은 우리 회사의 가속장치를 활용함으로써 초당 50메가비트로 열 배 증가합니다. 이런 증가속도로 업로드가 열 배 빨라지며, 따라서 오전 2시 이전에 야간 백업작업이 모두 끝나고, 오전 7시 제1근무조가 도착하기 전에 새벽 코드 업그레이드가 설치됩니다. 결론적으로 현재의 보수관리 활동 대신, 수익모델revenue generation에 집중할 수 있는 300인시人時, man-hours를 추가로 확보할 수 있습니다."

일단 교육용 메시지가 전달됐으면, 고객에게 피드백을 요청하여 메시지를 잘 이해했는지 확인하라. 질문을 해보라. 고객은 어떻게 생각하는가? 어떻게 진행되었는가? 고객의 인식에 변화가 있었는가? 이 시점에서 테스트를 종결할 수 있다. 이제 구매 시그널에 주파수를 맞춰라. 고객이 살 준비가 되었다면 세일즈에 종지부를 찍어라!

준비와 마무리로 고객을 압도하라

《퍼체이싱 매거진 *Purchasing Magazine*》은 어느 한 조사에서, 수백 명의 영업 간부들에게 세일즈맨에게 가장 필요한 자질이 무엇인지 물었다. 그 대답을 중요도에 따라 다음과 같이 정리했다.

- 기본적인 철저함과 마무리
- 덤으로 해주는 서비스
- 시장지식
- 고객에게 계속 정보 제공하기
- 제품과 서비스를 신속하게 배달하려는 의지와 능력
- 일관성
- 창의력

역시 같은 조사에서 "세일즈맨이 언제 가장 비효율적으로 보이는가"라는 질문에 다음과 같은 답변이 나왔다.

- 제품지식이 없을 때
- 고객에 대한 지식이 없을 때
- 회의나 설명을 위한 준비가 되지 않았을 때
- 약속에 늦을 때
- 강요하거나 공격적일 때

콜린스 앤드 아이크만 인테리어 시스템Collins & Aikman Interior System 사社의 마이크 호릭스는 세일즈맨을 다음과 같이 신랄하게 비판했다.

"대부분의 세일즈맨은 준비가 되어 있지 않다. 또 문제에 대한 실질적 해결책을 제공하지도 않는다. 나는 현실적인 비용절감과 해결방안을 제공하는 사람이 필요하다. 우리는 대부분 너무 바빠서 새로운 아이템을 들여다볼 시간이 없다."

당신이 고객에게 전할 수 있는 것 이상을 약속하지 말라. 하지만 일단 약속한 것에 대해서는 신속하고 완벽한 후속조치를 취하라. 아무리 사소한 것일지라도 중요하지 않은 것이 없다. 어느 고객에게 한 무역기사 이야기를 했더니 관심을 보여 나중에 그 기사 카피를 보내주겠다고 약속했다면, 그 약속을 다이어리에 적어놓고 그날 저녁 그 기사를 보내주어라(저녁에 고객에게 이메일을 보낸다는 것 역시 당신이 고객을 위해 얼마나 열심히 일하고 있는가를 보여준다). 그 기사를 보내지 않았을 경우, 그 고객은 표현하지 않아도 당신이 잊어버렸다는 것을 기억한다.

상사, 동료 혹은 지원부서의 직원이 세일즈를 위한 자리에 당신을 데리고 간다면, 그들이 고객에게 하는 약속을 유심히 들어두어라. 그들이 약속을 지키지 않는다면, 그것은 판매담당자인 당신에게 부정적으로 돌아온다. 고객이 당신과 당신의 회사를 믿을 수 없다고 판단하기 전에는 고객이 당신에게 허용하는 실수의 양을 결코 미리 파악할 수 없다. 실수가 많아지지 않게 관리하라.

어떻게 반복구매를 이끌어낼 것인가

고객과 한 거래를 성사하는 것은 세일즈의 끝이 아니라 시작이다. 재화나 서비스에 대한 대금을 받으면 당신과 고객 간 원활한 의사소통에 한층 더 박차를 가해야 한다. 그것을 하지 못하는 것은 ─ 단지 시작된 거래만 완결하고 걸어 나간다면 ─ 돈을 테이블에 놔두는 일이며, 이는 세일즈 세계에서 큰 범죄에 속한다. 좋은 관계가 변질되지 않도록 조심하라.

《하버드 비즈니스 리뷰 *Harvard Business Review*》에 실린 한 기사는 세일즈맨과 고객 간에 평등한 사회계약이 필요하다고 강조한다.

"쌍방이 마음에서 우러나는 진정한 만남에 실패하기 때문에 관계가 소원해지는 세일즈를 하는 것이다. 이런 치명적인 결과를 피하려면 거래계약서에 서명을 하기 전에 원론적인 사회계약에 관해 자세히 이야기를 나누어야 한다. 가령, 계약서의 성격과 범위 및 기간은 무엇인가, 그리고 실질적으로 우리는 어떻게 결정하고, 예측하지 않은 사건들을 어떻게 처리하고, 서로의 의사소통은 어떻게 하고, 분쟁은 어떻게 해결하는가 등이다."

제품과 서비스의 판매 후 행동에 관한 고객의 의견을 수렴

하여 만든 체크리스트를 작성하라. 이 체크리스트를 활용하여 오해를 미연에 방지하고, 당신과 고객 사이에 안전과 신뢰를 바탕으로 한 장기적 관계를 쌓아라. 다음은 고가의 제품을 판매할 때 적당한 체크리스트 샘플이다.

- 제품을 가동시키는 데 필요한 모든 지원인력에 대한 연락처를 고객에게서 입수하라.
- 제품을 배달하고 설치하고 지원하는 데 투여될 당신 쪽 인력에 관한 모든 연락처를 고객에게 제공하라.
- 고객이 제품에 관한 질문과 문제점이 생길 경우 밟아야 할 절차를 고객에게 가르쳐주어라.
- 고객이 문제점을 보고할 경우 답변하는 데 걸리는 평균 응답시간과 최대 응답시간을 알려주어라.
- 담당자와 접촉이 잘 이루어지지 않을 경우 당신과 긴급하게 연락할 수 있는 방법을 고객에게 알려주어라.
- 고객이 판매 후 서비스와 지원기간(개시일과 종료일), 용어, 조건을 잘 이해했는지 고객에게 직접 확인하라.
- 초기 기간이 만료됐을 경우, 판매 후 서비스와 지원의 갱신 비용을 잘 이해했는지 고객에게 직접 확인하라.
- 고객의 만족도를 측정하기 위한 고객과의 후속 대화 스케줄을 고객과 의논하여 정하라.

다음 거래를 위한 자기확인 명상법

한 거래를 마감하면, 당장 다음 세일즈로 뛰어들어야 한다. 그렇지 않은가? 그것은 실제로 당신이 육체적으로, 정신적으로 그리고 감정적으로 최상의 방식으로 뛰고 있을 때 가능하다. 만약 그렇다면, 다음 세일즈로 넘어가라. 그렇지 않다면, 다시 정신을 집중하고 활력을 불어넣기 위해 고안한 자기확인 명상을 시도해보라.

이 간단한 자기확인 명상은 정신집중과 감정적 평온을 증진시킨다. 이 명상을 구체적 세일즈나 일과 관련된 문제를 생각하고 정리하는 데 활용하지 말라. 이는 더 일반적인 명상이다. 이 명상을 시작하기 전에 명상의 단계를 잘 읽어보라. 그리고 아무도 없는 조용한 곳에서 천천히 심호흡을 하는 것부터 시작하라. 숨을 들이마시는 동안, 마음속으로 나직하게 다음과 같은 말을 되새겨보라. 숨을 내쉴 때는, 우선 마음을 비우고 들이마실 때보다 더 길게 숨을 내쉬어라.

- '나는 좋은 사람이다' 라고 생각하면서 숨을 들이마셔라. 천천히 숨을 내쉬어라.
- '나는 좋은 세일즈맨이다' 라고 생각하면서 숨을 들이마셔라. 천천히 숨을 내쉬어라.
- '나는 행복을 선택한다' 라고 생각하면서 숨을 들이마셔라.

천천히 숨을 내쉬어라.

- '나는 다른 사람들이 행복을 발견하도록 도와줄 것이다' 라고 생각하면서 숨을 들이마셔라. 천천히 숨을 내쉬어라.

- '나는 슬플 때 도망가지 않을 것이다' 라고 생각하면서 숨을 들이마셔라. 천천히 숨을 내쉬어라.

- '슬플 때 내 자신을 되돌아볼 것이다' 라고 생각하면서 숨을 들이마셔라. 천천히 숨을 내쉬어라.

- '내 두려움을 이해하게 될 것이다' 라고 생각하면서 숨을 들이마셔라. 천천히 숨을 내쉬어라.

- '준비가 되면 두려움에서 벗어날 것이다' 라고 생각하면서 숨을 들이마셔라. 천천히 숨을 내쉬어라.

- '과거는 지나갔다' 라고 생각하면서 숨을 들이마셔라. 천천히 숨을 내쉬어라.

- '미래는 알 수 없다' 라고 생각하면서 숨을 들이마셔라. 천천히 숨을 내쉬어라.

- '나는 지금 이 순간에 있다' 라고 생각하면서 숨을 들이마셔라. 천천히 숨을 내쉬어라.

- '나는 내 마음을 차분하게 가라앉힐 것이다' 라고 생각하면서 숨을 들이마셔라. 천천히 숨을 내쉬어라.

- '나는 그저 숨을 쉬는 것이다' 라고 생각하면서 숨을 들이마셔라. 천천히 숨을 내쉬어라.

- '나는 그저 존재한다' 라고 생각하면서 숨을 들이마셔라. 천

천히 숨을 내쉬어라.

- 한두 번 더 반복하라.

제 6 장

—

명상 세일즈 기법으로 고객 확보하기

판가름은 15초 내에 난다

잠재고객과 전화통화를 할 때, 고객은 당신의 목소리를 15초만 듣고도 당신이 어떤 사람인지 짐작한다. 당신이 선택한 어휘, 말투에 따라서 약속날짜를 잡을지 아니면, "전화주셔서 감사합니다만, 저는 관심이 없는데요"라는 말을 듣게 될지 판가름 난다.

당신이 처음으로 얼굴을 마주 대하는 잠재고객은 이보다 더 빨리 마음을 정한다. 언어 외적인 것들이 당신이 선택한 어휘보다 더 많은 것을 말해준다. 처음에 고객을 어떻게 끌어들였는지, 어떻게 눈을 마주쳤는지, 어떻게 미소를 지었는지 또 어떻게 악수했는지, 이 모든 것이 일람표를 형성하여 당신과 당신이 대표하는 회사에 관한 즉각적인 인상—정확하든 정확하지 않든 간에—을 만들어낸다.

잠재고객의 게이트키퍼gatekeeper(리셉셔니스트, 조수 혹은 비서)들과 미리 대화를 해보는 것도 관계를 형성하는 데 도움이 된다. 잠재고객은 이런 게이트키퍼들을 신뢰한다. 그리고 이 잠재고객의 게이트키퍼 수준에서 좋은 인상을 주지 못하면 잠재고객과의 전화통화가 어려워질 수도 있다.

처음으로 잠재고객에게 다가갈 때는, ① 전화 걸 이유를 확보하라, ② 당신이 팔고 있는 제품을 진심으로 믿어라, ③ 고객의 시간을 존중하라, ④ 가급적 빠른 시일 내에 신뢰와 신용을 쌓아라. 이를 다시 자세히 살펴보자.

전화 걸 이유를 확보하라

원치 않는 귀찮은 전화로부터 소비자를 보호하는 소비자보호법을 보더라도 전문 세일즈맨이 누구에게 전화 거느냐에 신경 쓸 것이 아니라, 왜 전화를 거는지를 생각해야 함을 알 수 있다.

울려대는 전화를 받는 일은 여간 귀찮지 않지만, 소개한 제품이나 서비스가 잠재고객이 관심을 두고 있는 분야라면—전화번호부에서 번호를 적어 무작위로 전화를 거는 것이 아니라—전화 걸 확실한 이유를 확보한 셈이다.

당신이 팔고 있는 제품을 진심으로 믿어라

당신이 최고의 제품이나 최고의 가치를 팔지 않는 한—수직시장vertical market(수직시장이란 비슷한 방법을 사용하여 비슷한 제품이나 서비스를 개발하는 특정 산업이나 기업 그룹을 말한다. 수직시장의 광범위한 예로는 보험, 부동산 시장이 있다—옮긴이) 과 구역 내에서—이것은 어려운 일일 수도 있다.

잠재고객이 선전문구를 받아들이게 하려면 먼저 그 선전문구가 사실인지를 확인해야 한다. 회사제품이 우수하다는 것에 대한 진정한 믿음은 잠재고객을 확보하는 데 필요한 첫 걸음이다. 당신이 믿지 못하는데 고객은 오죽 하겠는가? 게다가 당신이 믿지 못한다면 고객은 그것을 눈치챌 것이고 결국 신뢰는 깨지고 만다.

고객의 시간을 존중하라

강매조의 설득을 시작하기 전에, 1분만 짬을 내어 몇 가지 질문에 답할 수 있는지 잠재고객에게 물어보라. 당신이 때를 잘못 골라 전화했을 수도 있고, 잠재고객이 회의 중이거나 상사에게 보고할 서류를 마무리하는 중인지도 모른다. 잠재고객이 통화를 수락해서 대화가 1분 이상 계속되었다면, 그 잠재고객은 흥미를 보이고 있으며 고객이 되어가는 중이다.

혹시 때를 잘못 맞춰 전화했다면, 어느 날 몇 시(가령 금요일 오후 3시)에 다시 전화를 걸면 좋은지 물어보라. 첫 번째 날짜가 좋지 않다면 두 번째 날짜를 제안하라. 잠재고객의 부담을 덜어주어라. 그들은 당신에게 전화를 걸어달라고 한 적이 없다. 그런 만큼 두 번째 전화도 가급적 그들에게 부담이 되지 않도록 하라.

만약 잠재고객의 이메일 주소를 가지고 있다면, "유감스럽게도 오늘 뵙질 못했군요. 금요일 오후 3시에 뵈었으면 하는 데 어떠십니까"와 같이 날짜와 시간을 못 박는 메일을 보내는 것도 괜찮다.

두 번째 전화를 걸어서 1분만 시간을 낼 수 있는지 다시 물어보라. 아직은 잠재고객으로부터 그 어느 것도 기대할 권리가 없다는 것을 명심하라.

가급적 빠른 시일 내에 신뢰와 신용을 쌓아라

신뢰와 신용은 증명하는 데 시간이 걸리는 만큼, 잠재고객과 막 말문을 튼 상황에서 곧장 그것을 증명해 보일 수는 없다. 신뢰의 주된 원칙은 지식, 경험 그리고 열정이다. 잠재고객에게 전화를 걸기 전에 먼저 신뢰를 나타내는 표현들을 연습하여 완벽하게 익혀라. 당신이 어째서 그 분야에서 유능한 전문가인지 그 이유를 짧고 명확하고 약간은 유머러스한 표현으로 만들어라. 하지만 당신에게 주어진 시간은 단 15초라는 것을 명심하라.

새로운 잠재고객과 신뢰를 쌓는 최선의 방법은 그 고객이 일하는 분야에서 잘 아는 누군가의 소개를 받고 전화를 거는 것이다. 다만 그 잠재고객이 확인을 하더라도 누군가가 소개한 것이 확실하며 그 사람이 당신을 보증할 수 있어야 한다. 사람의 소개만큼은 못 미치지만 당신의 회사가 문제를 해결해 준 유사한 회사를 언급하는 것도 좋은 방법이다.

잠재고객에게 신용이란 개인과 회사의 정보를 당신에게 노출해도 안심이 된다는 것을 의미한다. 잠재고객은 자신이 노출한 정보를 당신이 부당하게 이용하지 않는다고 느껴야 한다. 신뢰를 구축하는 한 가지 방법은 먼저 정보를 노출하는 사람, 먼저 개인적인 것을 나누는 사람이 되는 것이다. 자기노출은 말이 통하는 친밀한 관계로 발전할 수 있는 계기를 마련한다. 하지만 잠재고객은 나름대로 각기 다른 반응을 보인다. 잠재고객이 당신의 정보노출에 반응하지 않는다고 해서 놀라거나 불쾌하게 생각하지 말라.

자기노출을 통한 신뢰와 신용 쌓기는 스토리가 있을 때 더 흥미롭다. 당신 자신이나 회사, 업계에 관한 흥미로운 요소를 드러내라. "오늘 아침 메디플라스틱의 주식이 폭락한 거 아세요?" 따위의 노출을 가장하여 경쟁사를 깎아내리는 일은 피하라. 그런 얄팍한 베일은 당신의 숨은 이면을 드러내고 신뢰를 파괴한다.

문제를 해결하고 필요를 충족할 수 있는 당신의 능력, 그리고 당신이 고객과 공유한 정보를 노출하지 않는다는 당신의 약속에 대한 잠재고객의 믿음이 형성되면 신뢰의 관계로 자연스럽게 발전한다.

전화로 잠재고객을 확보하는 법

전화상에서 잠재고객은 당신이 스스로를 보는 시각으로 당신을 바라본다. 만약 당신이 스스로를 거만하고 나서기 좋아하는 사람이라고 생각한다면, 상대방에게도 그런 인상을 주게 된다. 스트레스와 걱정에 시달리는가? 그것도 상대방에게 전달된다. 전화를 걸면서 미소를 지으면 고객은 당신의 웃음소리를 들을 것이고, 사람들이 미소를 대할 때 보이는 가장 평범한 반응을 보일 것이다. 즉, 호의다.

수화기를 들고 잠재고객의 번호를 누르기 전에 자신에게 다음과 같은 말을 해주어라(큰 소리로 말해야 더 효과적이다).

"나는 차분하고 자신감에 넘친다. 게다가 권할 만한 물건도 가지고 있다."

이런 말끝에는 설득력 있고 자신 있는 말투가 나오게 마련이다. 무언가 가치 있는 것을 권했기 때문에 설사 잠재고객이 관심 없어 하더라도 덜 떨고, 손해 볼 일—권위도 자존심도—도 없다. 자기확인을 통해 자신도 모르게 갖게 되는 자신감도 마찬가지로 중요하다. 잠재고객은 필사적으로 매달리지도 않고 매우 유용한 제품을 권하는 무언가 유익한 목소리를 듣게 된다.

당신의 이름, 직위, 회사 그리고 전화를 건 목적을 설명할 때는 반드시 또박또박 얘기하라. 출발부터 어긋나는 가장 확실한 방법은 고객의 입에서 "죄송합니다만, 누구라고 하셨죠? 못 알아들어서요"라는 말이 나오게 하는 것이다.

전화는 잠재고객과 즉각적이고 개인적인 접촉을 할 수 있는 훌륭한 도구다. 그러나 전화로 개척하다 보면 나름대로 문제점이 생긴다. 판촉전화를 걸 때 세일즈맨은 다른 전화가 걸려오지 않을까 노심초사한다. 걸려오는 다른 전화를 받으려면 주의가 분산되고, 그러다 보면 순간적으로 정신을 집중하는 데 어려움을 겪을 수 있다.

판촉전화를 거는 시간표—스케줄에 끼워 넣어라—를 짜면 방해받지 않고 오로지 판촉에만 정신을 집중할 수 있다. 또 다른 시간에도 마찬가지로 계획을 짜면 판촉과 단골 확보전략 계획, 브레인스토밍, 혹은 조용하고 편안한 재충전 시간에 정신을 집중할 수 있다.

근무시간 전후 게이트키퍼를 피해 경영간부 수준의 고객에게 직접 전화를 걸면 성공확률이 높다는 것이 증명되었다. 이른 시간이나 늦은 시간에 잠재고객에게 전화를 걸면 훌륭한 결과를 얻을 수 있다. 그러나 사적인 번호로 전화를 거는 일은 삼가라. 어느 특정한 시간—예를 들면 주말이나 밤늦은 시간—에 잠재고객과 통화할 수 있다고 해서 그 시간에 전화를 걸어야 한다는 의미는 아니다.

가장 황당한 상황 가운데 하나는 판촉전화를 거는 일이 당신의 제품에는 관심이 없고 잡담만 하고 싶어하는 누군가와의 원치 않는 지리멸렬한 대화로 치달릴 때다. 비생산적인 그런 전화는 갑자기 끊지 말고, 그 고객의 수다스러운 스타일을 도움을 청할 수 있는 완벽한 기회로 활용하라. 공손하게 이야기를 들어준 다음, 당신의 제품에 관심을 가질 만한 사람이 그 고객 주변에 있는지 물어보고, 있다면 그들의 이름과 전화번호를 가르쳐달라고 부탁해라. "저를 좀 도와주실 수 있나요?"처럼 '도움'이라는 단어를 사용하면, 일에는 관심이 없어 보이는 수다스럽고 허물없는 그 잠재고객의 마음을 울릴 것이다.

전화를 걸만큼 충분히 잘 아는가?

매번 잠재고객에게 전화를 걸기 전, 먼저 정신을 집중하라. 심호흡을 하고 왜 팔고 있는지, 당신에게 중요한 것은 무엇인지, 또 당신이 원하는 것은 무엇인지 떠올려라. 신뢰를 얻고 싶다면, 식견이 넓은 사람이 되어라. 업계의 현황을 파악하라. 잠재고객의 회사와 경쟁회사를 파악하고, 당신 회사의 가치명제Value Proposition(특정고객에 대하여 기업이 제공할 수 있는 가치의 내용을 구체적으로 명시하는 것-옮긴이)를 이해하라. 반대 의견이나 불만사항을 처리하는 방법을 마련하고, 당신이 각각의 전화통화에서 얻고 싶은 것이 무엇인지를 정확히 파악하라.

이 외에도 고객에게 존중받는 사람이 되어라. 당신이 고객을 대하는 방식에는 당신이 자신을 대하는 방식이 반영된다. 당신의 제품이 잠재고객의 사업에 어떻게 적합할지 사전 검토도 없이 잠재고객의 시간을 존중하지 않은 상태에서 전화를 건다면 다음과 같은 사례로 끝날 수도 있다. 다음은 전화를 받고 퉁명스럽게 대답하는 어느 컴퓨터 시스템 회사 간부와의 통화내용이다.

"블리어 씨 계십니까?"

"제가 블레어인데, 실례지만 누구시죠?"

"브레일 씨, 저는 핑크네트의 프랭크 슈무즈라고 합니다. 저희 회사의 환상적인 신제품, 핑크서버를 소개드렸으면 해서요."

"저는 현재 이용 중인 서버회사에 만족합니다. 어쨌든 전화주셔서 감사합니다."

"바가지를 쓰고 계시는데도 만족하십니까?"

"시장조사를 해봤는데, 만족합니다. 지금 제가 뭘 하던 중이라서요."

"그렇다면 원래보다 몇천 달러를 더 내도 괜찮다는 말씀이신가요?"

"글쎄요, 잘 되셨으면 좋겠네요. 전 지금 바빠서……."

"제 말씀 한마디만 들으시면……."

찰칵! 전화가 끊겼다. 그리고 준비 없이 나서기만 좋아하는 이 세일즈맨은 그 간부에게 전화를 걸 자격과 능력을 영원히 놓치고 말았다. 그 이유는 분명하다.

- 대화가 처음부터 끝까지 적대적이다.
- 세일즈맨이 회사에 대해 아는 것이 전무하다.
- 세일즈맨이 잠재고객의 개인적인 문제에 동정심을 보여주지 못했다.
- 대화 전체가 새로운 관계를 형성할 기회로 보지 않고 오직 거래만 성사시킬 기회로 여긴, 불안하고 소심한 세일즈맨의 소신으로 일관하고 있다.

이제는 사전 검토를 충분히 했으며, 잠재고객을 존중하는 마음으로 대한 세일즈맨의 전화통화를 소개한다.

"블레어 씨신가요?"
"그렇습니다. 누구십니까?"
"블레어 씨, 저는 핑크네트의 프랭크 슈무즈라고 합니다. 1분만 시간을 내주실 수 있나 해서요. 사실은 지난주에 한 무역잡지에서 읽은 기사에 관해 여쭤볼 말씀이 있습니다.

현재 선생님 회사가 샌디에이고 지역으로 확장하고 있지 않습니까?"

"맞습니다. 8월에 합니다. 그래서요?"

"네, 선생님 회사에서 스탠더드 서버로 시사이드 회사를 이용하고 계시다는 걸 알았습니다. 게다가 야간 데이터 백업 작업도 많이 하시고요. 핑크네트는 현재 시사이드 고객에게 무료 교육기간을 제공하고 있습니다. 한 시간이면 야간 백업시간을 반으로 단축하는 방법을 배우실 수 있습니다. 또 어떻게 시사이드의 절반 비용으로 샌디에이고의 새 사무실 시스템을 실행하는지도 보여드리고자 합니다."

"구미가 당기긴 하지만, 지금은 시간이 적절치가 않군요. 제가 회의 중이라서요."

"알겠습니다. 제가 선생님 편한 시간에 다시 전화를 드리고 자세한 설명을 드릴 테니까, 그때 가서 이런 교육이 필요한지 아닌지 결정하셔도 됩니다. 내일 오전 10시에 전화 드려도 괜찮으십니까?"

"11시에 하십시오."

"알겠습니다. 그럼 내일 전화 드리겠습니다. 좋은 하루 되십시오."

이 두 번째 대화에는 분명 더 많은 시간 동안 준비했다는 것이 드러난다. 긍정적 결과의 가능성도 상대적으로 더 높다. 질의 고객확보냐 양의 고객확보냐, 그건 알아서 판단하라.

.

고객의 거절에 효과적으로 대처하라

거절을 처리하는 일은 전화고객 관리의 가장 어려운 부분이다. "노No"에 "노"를 거듭 들어야 하는 불쾌감이나 두려움 때문에 많은 사람이 세일즈란 직업을 기피한다. 하지만 "노"는 세일즈의 실패가 아니다. 그것은 단지 잡힐 듯 말 듯한 "예스Yes"로 가까이 가는 필수 단계일 뿐이다.

세일즈맨은 그 다음 잠재고객에게 전화를 걸기 전 이전에 당한 거절에서 받은 좌절감을 감정적으로 극복해야 한다. 이를 극복하는 데는 몇 초가 걸릴 수도 있고 훨씬 더 긴 시간이 필요할 수도 있다. 마지막 잠재고객의 "노"를 인정하기 전에는 미소와 즐거운 영업자세를 다시 회복할 수 없다. 자기 자신에게 "괜찮아, 관심이 없는걸 뭐"라고 말하면서, 심호흡을 한 다음, "나는 편안하고 자신감에 넘친다. 게다가 권할 만한 물건을 가지고 있다"라는 자기확인을 반복하다 보면, 다시 정신이 집중되고 긍정적인 자세로 다음 전화를 걸 수 있다.

전화 성공률이 낮다면 스타일을 바꿔라

전화 성공률이 낮다면, 판촉 메시지와 스타일을 다듬는 것은 어떤가. 중요한 것은 잠재고객에게서 강제로 물건을 사야한다는 경계심을 푸는 일이다. 빈약한 판매 메시지는 "제 제품을 사시겠습니까?"이고, "아니오"는 고객이 그 메시지에 대답하는, 전화의 방해에서 벗어나는, 그리고 다시 자신의 일로 돌아가는 가장 빠르고 가장 간단한 방법이다. 간혹 세일즈맨이 주절주절 두서없는 이야기를 늘어놓을 때가 있다. 사람 좋은 잠재고객이 상대방을 실망시킬 수 없어 미적대기 때문이다. 세일즈맨의 필사적인 말은 잠재고객이 점잖게 대화를 끝낼 방법을 찾아낼 때까지 계속된다. "저기요, 좋은 분 같긴 한데……."

의견과 관점의 상호교환을 통해 공격적이지 않은 대화로 잠재고객에게 다가가는 방법을 찾아보라. 여기서는 직관과 선의

자기 훈련 12

판촉전화를 어떻게 준비하는지 방법을 적어보라.

-
-
-
-
-

초심이 모두 중요하다. 질문을 하라. 말하기보다 듣기에 힘써라. 잠재고객의 마음을 읽을 수는 없지만, 잠재고객의 말을 바탕으로 대화를 이끌어나갈 만큼 예민하고 민첩할 수는 있다. 제품에 대한 흥미가 없어 보인다면 주저 말고 먼저 대화를 끝내라.

이제, 노련하게 대화를 진행하라

잠재고객이 판매 메시지에 흥미를 보이거나 동의를 표하면, 대화를 다음 수준으로 노련하게 끌어올릴 준비가 되어 있어야 한다.

어떤 통화는 처음부터 너무 순풍에 돛단 듯 나가는 경우도 있다. 판촉전화에서 최고의 결과는 고객의 즉각적 구매욕을 불러일으키는 것이다. 그럴 경우, "월요일에 제품을 배달시키면 말씀드린 가격에 드릴 수가 있는데요. 오늘 주문하시겠습니까?"와 같은 마감문구를 사용하라.

첫 전화에서 세일즈를 성사하려고 애쓰든, 단지 일을 진척하려고 노력하든, 어쨌든 가격을 매기고 자금을 조성하고, 준비된 제품의 구성과 옵션, 경쟁적 위치와 투자 분석에 관한 샘플 전송 등의 정보를 파악함으로써 언제나 심도 있는 대화를 끌고 나가도록 준비해야 한다.

필요하다면, 달력을 가져다 놓고 잠재고객과의 미팅 스케줄을 잡아라. 직접 만나는 것이 어떻겠느냐고 물어보라. 직접 만나지 않을 거라면 차선책은 어떤 것이 좋은지, 얼마나 시간을 내줄 수 있는지 물어보라. 같이 만날 수 있는 사람들이 더 있는지도 물어보고 그 사람들의 연락처를 받아라. 그 다음에는 "대화가 즐거웠습니다"라는 이메일이나 메시지를 보내라. 그러면서 만날 약속도 상기시켜라. 특히 시간을 내주어 고맙다는 인사를 잊지 말고 유익하고 유용한 만남이 될 것을 약속하라. 그런 후에는 그대로 약속을 지켜라.

잠재고객을 직접 만났을 때의 태도를 훈련하라

얼굴을 직접 맞대고 판촉할 때는, 누가 봐도 알 수 있게 존중하는 마음으로 상대방에게 다가가고 그를 끌어들여라. 자신 있게 시선을 마주치고 미소를 짓되, 아직 쌓이지도 않은 친밀함을 애써 가장하지 말라.

다른 세일즈맨과 구별되는 방법을 생각해보라. 악수를 나누면서 동시에 가볍게 목례하면 그 잠재고객에게 공손한 태도가 전달되고, 그런 기억은 머릿속에서 쉽게 잊혀지지 않는다. 거의 느껴지지 않을 정도의 가벼운 목례는 대화의 말문을 트기 전에 존중하는 마음을 표현해준다.

잠재고객을 그의 사무실에서 만났을 때는, 휴대폰이 울려도 절대 받거나 버튼을 누르지 말라. 그런 것은 아예 꺼놓거나 진동으로 해놓는 것이 상책이다. 잠재고객이 당신 사무실에 있을 때도 마찬가지다. 설사 그들이 미팅 도중 휴대폰을 받는다 해도 당신은 그래선 안 된다. 잠재고객의 행동을 당신이 따라 해서는 안 된다.

가족이나 사랑하는 사람들이 있는 세일즈맨은 응급 시에 연락할 수 있어야 한다. 설사 회의 중이라 해도 말이다. 집에서 걸려온 응급전화를 연결할 때는 이렇게 한다.

- 가족에게 비상시에만 근무시간에 전화하도록 부탁하라.
- 가족에게 발신번호가 뜨는 전화로 전화를 걸도록 부탁하라.
- 걸려오는 전화번호를 흘끗 본 다음, 응급 시에만 전화를 받아라.
- 잠재고객에게 솔직하라. "죄송합니다. 열두 살짜리 제 딸이 전화를 했군요. 집에 혼자 있거든요. 이 전화를 잠깐 받겠습니다." 대부분의 사람은 이런 상황을 너그럽게 이해한다.

이메일, 편지 및 팩스로 고객을 사로잡는 법

전화로 판촉하는 시간을 아예 스케줄로 짜놓는 것처럼, 컴퓨터 앞에 앉아서 판촉 이메일을 쓰고, 판촉용 편지를 쓰고 보내기 위한 구체적 시간을 스케줄로 짜라. 이런 시간에는 전화를 받거나 도착하는 이메일을 읽고 싶은 충동을 억제하라. 이런 종류의 방해로 당신이 하고 있던 일에서 주의가 산만해지면 효율적으로 일할 수 없다.

이메일이 도착하는 즉시 그것들을 읽고 답장을 보내는 것은, "내가 뭘 하고 있든, 누굴 만나든, 아무 때나 들어와서 절 방해하세요"라는 표시판을 사무실 문에 붙여놓는 것처럼 비생산적이다.

이메일은 잠재고객과 기존의 고객에게 정성스럽게 작성한 메시지를 전달하는 아주 좋은 방법이다. 복사해서 갖다 붙이기 기능을 이용하여 고객 중심으로 작성한 메시지를 많은 잠재고객에게 전달할 수 있어 사교성이 풍부한 의사소통을 합리적으로 처리할 수 있다.

훌륭한 글솜씨와 기술은 잠재고객에게 긍정적 메시지를 전달한다. 유감스럽게도 그 반대 역시 사실이다. 빈약한 글솜씨는 부정적 이미지를 전달한다. 글로 쓴 당신의 의사소통—비록 아주 짧고 간단한 메모일지라도—메시지가 표현이 적절한지, 맞춤법이 제대로 됐는지 반드시 확인하라. 부주의하게 사소한 것을 놓치고 손쉬운 것을 좋아하는 성격은 당신이 글을 쓰는 방식을 통해 고스란히 전달된다.

글을 잘 쓰는 비결은 간결하고 명확하게 쓰는 것이다. 요점을 빠르고 완벽하게 전달하라. 판촉 이메일은 한두 단락을 넘지 않아야 한다. 가능하면 적절한 웹 링크를 덧붙여라. 답변메일을 부탁할 때는 분명하게 하라. 글을 읽는 이에게 기대하는 것이 무엇인지, 또 언제까지인지를 명확히 알게 하라.

잠재고객과의 긍정적으로 전화통화한 후에는, 곧바로 행동촉구형call-to-action 이메일을 보내라. 관계가 형성되는 이 중요한 시작단계—여기서 잠재고객은 고객이 될 수도 있다—에서 고객은 직업적인 면과 동시에 당신의 인간적인 모습을 보게 된다. 후속 이메일은 간략하게 써서 보내라. 아래 소개한 두 개의 이메일 메시지 가운데 불필요한 말은 없애고 요점만 적은 것은 어느 것인지 살펴보자.

버그 씨, 오늘 점심시간에 선생님과 전화로 유익한 대화를 나눌 수 있었던 것에 감사하다는 말씀을 드리고 싶었습니다. 저희 지역의 빌 스토커 부사장께서 다음 주 월요일에 올 예정인데, 저희 회사 고객서비스 철학에 관한 설명을 더 드리고자 선생님을 뵙고 싶어하십니다. 다음 주 월요일 오후 2시쯤 시간이 되면, 미리 연락 주시기 바랍니다. 제가 약속시간을 조정하겠습니다. 안녕히 계십시오. 샤론 드림.

버그 씨, 오늘 전화로 시간 내주셔서 감사합니다. 저희 지역 부사장께서 고객서비스 철학에 관해 선생님과 직접 말씀을 나누고 싶어하십니다. 월요일 오후 2시, 괜찮으십니까? 안녕히 계십시오. 샤론 드림.

고객에게 보낼 이메일을 컴퓨터 스크린 상에서가 아니라, 인쇄해서 확인하라. 혹시 이메일을 다 쓰기 전에 실수로 '보내기'를 클릭했다면, 그 다음에 어떤 당혹스런 일이 일어날지는 안 봐도 뻔하다. "앞서 보낸 제 이메일은 무시하세요"라는 제목의 이메일은 수신자로 하여금 실수로 보낸 당신의 이메일을 더 읽고 싶은 호기심을 갖게 만든다. 고객의 얼굴에 능글맞은 미소를 떠올리게 하는 데는 세일즈맨의 실수만 한 것도 없다.

글쓰기의 에티켓을 간과할 때가 종종 있다. 가령 이메일에서 '받는 이' 칸에 모든 잠재고객의 이름이 들어 있다고 치자. '함께 받는 이' 칸에 임원의 부하직원까지 적어 넣으면 임원들에 대한 존중감이 결여된 것처럼 보인다. 이는 관계를 형성하는 데 부정적 영향을 미칠 수도 있다.

잠재고객에게 쓰는 단어의 어조를 생각하라. 그것이 그 잠재고객과 그 회사에 어울리는가? 당신의 개인적인 어투와 맞아떨어지는가? 당신의 말투가 원래 가볍지 않다면, 말투와 어투를 일치시키는 것이 더 좋다. "하이, 프랭키! 이거 체크 안 하면 재미없는 거 알쥐?" 따위의 지나치게 격의 없이 가벼운 말투는 수신자를 당황하게 만들거나 기분 나쁘게 할 수 있다.

잠재고객에게 보내는 이메일과 편지에서 당신의 목적과 행동촉구 사항을 분명하게 밝혀라. 구체적인 그룹의 잠재고객을 겨냥한 광고에서도 마찬가지다. 대부분의 잠재고객은 자신을 타인에게 설득당해 행동으로 옮기는 스타일이라고 생각하지 않는다. 하지만 의사소통이 잘 되면 수요를 기반으로 한 행동을 유발할 수 있다. 만약 제품이 주는 혜택이 설득력이 있다면 잠재고객은 설득당하는 것을 개의치 않을 것이다.

정확성은 문어체의 메시지에서 매우 중요하다. 사실과 특징을 확인하라. 당신의 메시지가 경쟁자의 손에 들어갈 수도 있다. 그러지 않기를 바라되, 그럴 가능성을 배제하지 말라. 특히 경쟁사나 제품에 관한 그릇된 설명은 거꾸로 당신을 괴롭힐 수도 있다. 더 나아가 잠재고객이 사실이 아니라는 것을 알게 되면, 신뢰에 손상을 줄 수도 있다.

이메일을 통해 처음으로 잠재고객에게 다가갈 때 당신의 메시지는 스팸으로 처리될 수도 있다. 이를 피하려면 잠재고객에게 당신이 왜 이메일을 보내는지, 그리고 이메일 주소를 어떻게 알았는지를 정확히 밝혀라. 수신자가 당신에게 더 많은 정보를 요청하든지, 수신거부를 하든지 의사를 밝힐 수 있는 간단한 방법을 제시하라.

아래의 방법을 따라한다면, 잠재고객에게 보내는 이메일은 열리고 읽혀 역할을 다할 것이다.

- 첨부파일을 보내지 말라.
- 발송하는 모든 메일에 바이러스 체크를 하라.
- 이메일과 편지에 고객의 관심을 끌고 그것을 읽고 싶은 마음이 들게 하는 관심확보용attention-getting—오해의 소지가 없는 것으로—주제를 사용하라.
- 메시지의 핵심을 정확하게 전달하는 강한 이미지의 오프닝 멘트를 사용하라.
- 행동을 결정할 수 있도록 잠재고객에 대한 보상을 설명하는 행동촉구형 문구를 사용하라.
- '무료'니, '공짜'니 하는 과장된 표현을 피하라.
- 감탄부호를 잘못 쓰지 않도록 조심하라!
- 당신의 이름과 직위, 연락처가 포함된 프로다운 이메일 서명으로 끝을 맺어라. 개인적, 정치적, 혹은 종교적인 자화자찬은 피하라.
- 서명을 한 다음 반응을 촉구할 수 있는, 기억에 남을 만한 추신이나 재미있는 추신을 달아라.

일터에서도 잠깐의 명상으로 재충전하라

고객을 확보하는 장거리 마라톤에서 휴식을 취하지 않으면 오히려 역효과가 날 수 있다. 휴식을 취할 때도 만족할 만큼 충분히 쉬어야 한다. 자리에서 일어나 주변을 걷고 신선한 공기를 마신 다음 다시 수화기를 집어 들어라. 일하는 도중 간단하게 명상하는 것은 어떨까?

집에서—일과 전후 그리고 주말에—하는 명상은 이메일과 전화 및 동료들의 방해를 피할 수 있어 일터에서의 명상보다 더 좋다. 그러나 일터에서의 명상은 그 나름대로 장점을 가진다. 아주 짧은 휴식시간에, 아니면 머리를 식히고 싶거나 머리를 맑게 하고 싶을 때 짬을 내어 명상해보라. 스트레스를 받거나 일에서 지쳤다고 느낄 때, 사무실에서의 짧은 명상이 도움이 될 수 있다. 상사와의 전망 검토회의를 앞두고 긴장하거나 그런 회의를 막 끝내고 신경이 날카로워졌다면, 잠깐 동안 명상을 해보라.

자기
훈련 13

빠르고 쉬운 명상법 2

조용하고 사적인 공간을 찾아, 의자나 바닥에 편안하게 앉아라. 천천히 숨을 쉬면서 다음과 같이 자신에게 나직이 중얼거려라. 배가 팽창하도록 숨을 들이쉬고 평소보다 더 길게 숨을 내쉬어라.

- "숨을 들이쉬면서, 몸과 마음을 차분하게 가라앉힌다."
- "숨을 내쉬면서, 미소를 짓는다."
- "숨을 들이쉬면서, 그 순간을 느낀다."
- "숨을 내쉬면서, 그 순간을 즐긴다."

1분 동안 반복한다.

일터에서의 명상은 남의 간섭을 절대 받지 않으며, 동료들이 당신이 명상하는 것을 봐도 전혀 개의치 않는다는 확신이 없는 한 불편할 수 있다. 최적의 장소는 사적이며 조용하고 편안한 곳이다. 개인 사무실이 없는 사람에겐 다음과 같은 창의적인 명상법을 제안한다.

- 전화가 울려대고 다른 사람들이 당신에게 이야기하는 상황에서 떨어질 수 있다면 책상 앞 의자에서
- 스케줄이 없는 빈 회의실에서
- 주차장에 세워둔 자동차의 널찍한 시트에 앉아서
- 욕실에서(그렇다. 여기서는 두 가지 이상의 볼일을 보는 것이 가능하다)

–

제 7 장

명상 세일즈 기법으로
프레젠테이션하기

고객에게 자신이 이해받았다는 감동을 줘라

신용과 신뢰와 믿음을 쌓기 가장 좋을 때는 시선을 마주한 채 악수하고 쌍방의 아이디어를 교환할 때다. 세일즈 프레젠테이션은 고객과의 관계형성을 위한 발판이다. 여기서 판촉단계에서 만들어진 관계가 발전하고 강화된다. 성공에 대한 모든 잠재력이 존재하듯이, 실패에 대한 잠재력 또한 존재한다. 관계가 무르익기도 전에 미리 무너뜨리고 싶다면 프레젠테이션을 대충 하라.

세일즈 프레젠테이션에서 가장 좋은 결과는 구매동의를 받아내는 것이다. 두 번째로 좋은 결과는 고객의 필요와 제품이 일치한다는 동의를 받아내고, 거래가 성사될 후속조치를 위한 스케줄을 짜는 일이다. 마지막으로 최소한 수용 가능한 결과는 다시 만날 것을 약속하는 일이다.

고객들은 '프레젠테이션'이라는 말을 무척 경계한다. 고객은 프레젠테이션에서 파워포인트를 활용한 매끄럽기 그지없는 인포머셜info-mercial(정보와 상업 메시지가 동시에 들어간 광고로 요즘 홍수처럼 쏟아지는 홈쇼핑 프로그램을 생각하면 된다—옮긴이)이나 화면에 등장하는 해설자를 떠올린다. 그렇다면 프레젠테이션을 개요, 토론 혹은 대화식의 원탁회의로 기획하고 설명함으로써 이런 인식을 깨라. 고객에게 고객 중심의 해결책—진부하게 사용된 문장이 아니라—을 제공하는 프레젠테이션을 하면 독창적으로 보일 것이다.

세일즈 프레젠테이션은 단순히 말이나 글로 표현된 전시품이 아니다. 글은 혼자 움직이지 못하는 감정이 없는 기호에 불과할 뿐 청자나 독자의 이해를 보장하지 않는다. 일단 설명할 최고의 표현을 선택한 다음에는, 그 표현을 소개하는 태도가 가장 중요하다. 잘 소개된 교육적인 내용은 고객이 당신의 판매 메시지를 정확하게 듣고 긍정적으로 받아들이는 최고의 기회로 연결된다.

프레젠테이션은 쌍방향으로 이루어져야 한다. 쌍방 모두 자신의 입장을 상대에게 들려주고 싶어한다. 다른 사람으로부터 완전하게 이해받는다는 것은 가슴 뭉클한 기분을 느끼게 한다. "내 말을 들어주었다!"라는 상호 만족감에서부터 보람 있는 관계가 시작되는 것이다.

그 고객만을 위한 프레젠테이션을 준비하라

나중에 어떤 일이 생기면 좋겠는지를 고려하여 프레젠테이션을 준비하라. 만약 구체적 목표가 없다면 성공은 우연에 달려 있다. 일반적인 프레젠테이션은 일반적인 세일즈 결과를 낳을 뿐이다. 프레젠테이션의 준비된 상태, 혹은 준비의 결여는 고객에게 그대로 드러난다. 프레젠테이션을 하기 전에, 다음과 같은 사항을 고려하라.

- 이 고객만을 위한 전반적인 전략은 무엇인가?
- 이 고객만을 위한 준비전략은 무엇인가?
- 고객의 필요와 입장, 배경과 일치하는 프레젠테이션인가?
- 전략에 필적하는 프레젠테이션이 현재 통용되고 믿을 만하며 참조가 가능하고, 가장 중요한 관련성이 있는 내용으로 구성되었는가?
- 주위를 산만하게 하지 않고 저절로 시선을 끄는 프레젠테이션인가?
- 프레젠테이션을 하는 동안 모든 기술과 시각적인 보조장치가 부족할 경우, 그런 것이 없이도 완벽하게 프레젠테이션을 해낼 수 있는가?
- 주어진 시간과 맞아떨어지는 프레젠테이션인가?

만약 고객이 아예 관심이 없는 것도 아니고, 그렇다고 당장 살 준비가 된 것도 아니라면, 그들은 당신의 프레젠테이션을 듣는 동안 몇 가지 의문점을 가질 것이다. 당신은 그 질문에 대한 대답을 미리 파악해야 한다.

당신은 그 질문에 대한 준비가 되었는가? 고객이 제기하는 공통적인 의혹을 알고 있는가? 질문을 명쾌하게 설명하여 의혹을 기회로 전환할 수 있는가? 더 나아가 당신의 제품이 고객에게 최고의 상품인 이유를 제시할 수 있는가?

이 질문에 대해 한 가지라도 "아니오"란 대답이 나온다면, 태만함을 없애고 고객을 만나기 전에 먼저 동료나 상사 앞에서 프레젠테이션을 연습하라.

딱딱한 프레젠테이션을 하는 동안 고객이 원한다면 어느 시점에서든 설명을 멈추고 토론으로 돌아갈 준비를 해야 한다. 이렇게 딱딱한 설명에서 자유로운 토론으로의 급격한 변화는 당신의 유연성과 더 깊은 관계를 만들겠다는 의지를 고객에게 보여준다. 고객에게 말을 시켜라. 세일즈 프레젠테이션 상황에서 고객이 하고 싶은 말은 당신이 하고 싶은 말보다 더 중요하다.

프레젠테이션을 계획할 때는 다음에 소개된 프레젠테이션 개요부터 시작하라. 그리고 고객의 필요와 관심을 처리할 수 있도록 고객 중심의 프레젠테이션을 준비하라.

서문

- 인사말과 시간을 할애해준 것에 대한 감사
- 도입
- 회의의 주제

개관

- 고객의 필요와 관심사항을 당신이 이해하고 있음을 보여줘라. 비밀리에 진행 중인 비준과 조정에 관대하라.
- 고객을 부추겨 프레젠테이션에 대한 기대치를 직접 표현하게 하라.
- 고객의 필요와 관심에 부응하는 제품의 부수적인 해결책을 광범위하게 하고, 더 나아가 제품에 대한 설명을 배짱 있게 하라. 고객의 눈이 동그래지면서, "와!"라는 감탄사가 터져 나오게 하라.
- 제품의 장점을 정확하게 설명하라. 또 "이게 저한테 무슨 소용이죠?"라는 고객의 질문에 대한 답을 준비하라.

세부 항목

- 주요 요점 1
- 주요 요점 2

- 주요 요점 3

(주요 요점 ─ 각 요점마다 고객 관련 사례와 참조가 들어 있다 ─
은 최대 세 가지로 제한한다)

요약
- 고객의 필요와 관심에 부응하는 제품의 부수적인 해결
  책을 강조하는 일목요연한 요약
- 질의응답
- 고객의 행동 요망사항 : 구매 세부사항, 시가, 비교, 참
  조, 후속 미팅
- 자, 이제 프레젠테이션을 끝마쳐라.

타이밍이 가장 중요하다

가장 애석한 일 세 가지는 프레젠테이션을 하는 동안 다음
와 같은 세일즈맨의 모습을 보는 것이다.

- 너무 짧은 시간에 프레젠테이션을 끝내려고 쥐어짜고 서두
  른다.

- 서론에 너무 많은 시간을 할애한 나머지 본론은 제대로 건드리지도 못하고 지나간다.
- 행동촉구가 이루어지기 전에 중요한 고객이 프레젠테이션 장소를 떠난다.

위와 같은 일을 방지하려면 먼저 프레젠테이션에 필요한 시간보다 더 많은 시간을 요청하여 시간에 대한 압박을 줄이고 프레젠테이션 후의 토론시간을 확보하라. 만약 어느 고객이 프레젠테이션을 듣겠다면서 불충분한 시간을 할애하면, 주제의 깊이를 설명하고 타협하여 더 많은 시간을 확보하라. 충분한 시간이 없으면 전체 프레젠테이션이 망가질 수도 있다. 만약 고객이 짧은 시간을 고집한다면, 전체를 설명하기 전에 메시지만 전달하도록 노력하라.

고객을 만나는 최적의 시간은 오전 10시와 오후 3시 사이다. 그 전후의 이른 아침이나 늦은 오후에는 고객이 너무 산만하다. 월요일 아침과 금요일 오후 역시 프레젠테이션을 하기에 열악한 시간이다. 고객이 프레젠테이션이 끝난 후 당신과 식당에서 식사를 해도 괜찮다고 생각한다면 점심시간 직전도 좋다. 이런 가벼운 담소는 관계를 형성하는 데 도움을 준다. 점심시간 직후의 프레젠테이션 역시 사람들이 생각하는 것처럼 그렇게 나쁘지는 않다. 나른하게 졸린 상태로 고객을 몰고 가지만 않는다면 말이다.

프레젠테이션을 시작하기 전에 시간제한을 상기시켜, 미팅이 언제 끝날 것인지 모두 알도록 한다. "저는 지금 저의 소중한 시간을 당신과 함께 쓰고 있습니다. 그러니 당신의 소중한 시간을 저와 함께 나누시기 바랍니다"라는 설명과 함께 끝까지 고객이 참석할 수 있도록 한다.

프레젠테이션의 바람직한 흐름

당신이 프레젠테이션하는 동안 휴대폰을 받겠다고 우기는 고객들은 너무 바쁜 나머지 당신에게 100퍼센트 집중할 수 없다. 아니면 당신이 하는 말을 실제로 듣고 싶어하지 않는 것이다. 특히 관계 초기에 프레젠테이션을 할 경우, 자신의 비중이나 파워를 드러내기 위해 일부러 이런 행동을 하는 고객도 있다. 그 이유야 어떻든, 끊임없이 중단되는 프레젠테이션은 비생산적일 수밖에 없다. 만약 계속 중단되면 고객에게 다른 날 다른 시간에 다시 와서 프레젠테이션을 하겠다고 제안하라.

프레젠테이션은 당신의 사무실이나 회사에서 하도록 스케줄을 짜보라. 그러면 방해를 통제하기가 훨씬 더 쉽고, 고객에 맞춘 친근한 환경 가운데 능력껏 프레젠테이션을 진행할 수 있다.

팀으로 프레젠테이션을 할 경우, 세일즈맨은 각 발표자에게 휴대폰의 전원을 끄도록 상기시켜야 한다. 당신의 동료 중 하나가 휴대폰을 받기 위해 프레젠테이션을 중단하는 것은 전화가 고객보다 더 중요하다는 분명하고도 부정적인 신호를 보내는 것이다.

프레젠테이션을 할 때는 일어서서 하라. 그래야 주의를 집중시킬 수 있고 방 안의 분위기를 통제할 수 있다. 아니면 프로젝션이나 플립 차트 같은 시각적 도구를 사용하라. 파워포인트로 프레젠테이션하기 위해 노트북을 조종한다면 무선 마우스를 사용하는 것이 좋다. 슬라이드를 넘길 때마다 동료가 대신 클릭하면 주의가 산만해진다.

파워포인트와 같은 도구가 개선된 만큼, 사용 가능한 도구—비디오, 애니메이션, 음악 등—의 폭도 넓어졌다. 철저하게 준비한 것이 아니라면 이런 도구의 사용을 가급적 피하는 것이 좋다. 혹시 적절하다는 판단이 들면 길고 지루한 설명에 가끔씩 신선한 웃음을 더하기 위해 사용하라.

독특한 프레젠테이션 스타일을 개발하라

프레젠테이션은 그 방법이 무엇보다 중요하다. 당신은 어떻게 보이는가? 어떻게 움직이는가? 목소리는 어떻게 들리는가? 프레젠테이션에 활력이 가득 차 있는가, 아니면 무기력한가?

차분하고 자신에 차 있는가, 아니면 스트레스를 받고 있거나 긴장하고 있는가? 간간이 새로운 아이디어를 떠올리기 위한 잠깐의 공백에 편안하게 대처하는가?

긴장은 누구에게나 공통적이지만 고객이 그런 모습을 봐서는 안 된다. 호흡, 동작, 시선의 마주침을 통제하고 "음"이나 "저"와 같은 군소리를 최소화하면 고객은 당신의 초조함에 신경 쓰지 않는다.

자신의 강점과 약점을 파악하라. 장점은 최대한 살리고, 약점은 최대한 숨기는 것이 프레젠테이션의 열쇠다. 가장 역동적인 최고의 연사도 약점은 있게 마련이나 그들도 교묘하게 약점을 숨기고 있는 것이다. 약점을 적절하게 처리하라. 약점을 무시하고 싶은 충동을 억제하고 고객이 이해하고 동정하거나 변덕으로 봐주기를 기대하라. 그렇지 않더라도 당연하게 받아들여라.

장점은 약점과 조화를 이룰 때가 많다. 그 조화는 당신만의 유일한 것이다. 당신의 프레젠테이션 능력을 평가하고 적절하게 조정하라.

- 타고 난 발표자지만 기교가 부족한가?
  → 곤란한 질문을 떠넘길 수 있는 기술 파트의 동료를 동반하라.

- 많은 사람 앞에서 말할 때 긴장하는가?

  → 말로 하는 프레젠테이션을 동료나 거울 앞에서, 또는 비디오테이프로 녹화하면서 반복적으로 연습하라.

- 당신은 세일즈맨과 고객 프레젠테이션을 기피하는 엔지니어인가?

  → 기계에 대한 성향과 세일즈 상식의 부족을 고백하되, 당신 회사의 세일즈맨 입장을 고려하라. 세일즈와 어울리지 않는 웅변술로 고객의 비웃음을 사는 엔지니어들은 자칫 세일즈맨과 고객과의 관계에 손상을 끼칠 수도 있다.

선이 주는 주요 메시지는 상대방을 알려고 하기 전에 먼저 자기 자신을 잘 아는 것이다. 당신은 어떤 타입의 세일즈맨인가? 어떤 세일즈맨은 프레젠테이션을 쇼 비즈니스와 동일시하고, 평범하게 보이면서 훌륭한 메시지를 전달하기보다는 훌륭

자기훈련14

고객에게 프레젠테이션을 하는 동안 당신을 창의적이고 유일무이하게 만드는 것은 무엇인지 적어보라.

-
-
-
-
-

하게 보이면서 평범한 메시지를 전달하고 싶어한다. 프레젠테이션의 목적은 의사소통이며, 관계를 형성하고 제품을 파는 것임을 명심하라. 훌륭한 프레젠테이션 기술을 쌓도록 연습하고 그것을 제2의 천성으로 만들어라. 그렇게 하면 시선은 당신에게 고정되더라도 당신이 제안하는 해결책이 더욱 돋보일 것이다.

자신의 모습을 비디오로 찍어라

자기 자신을 비디오로 녹화하는 것은 당신이 남에게 진정 어떻게 보이고 들리는지를 볼 수 있는 훌륭한 방법이다. 녹화한 것을 다시 보는 것이 불편하더라도 개의치 말라. "난 저렇지 않아!" 또는 "내 목소리는 저렇지 않아!"라고 고통스럽게 외치는 것은 공통적인 반응이다. 녹화된 자신의 모습을 보는 것이 괴롭긴 하지만, 배우나 음악가, 텔레비전 기자들과 같은 방송이나 영화의 프로는 말하는 기술과 비언어적인 기술을 끊임없이 개선한다. 세일즈라는 직업은 당신에게 연사의 역할을 자주 맡긴다. 그러니 그에 맞게 기술을 연마하라.

비디오 테이프로 찍은 프레젠테이션에 나타난 다음과 같은 자세에 주의를 기울여라.

- 목소리
- 자세
- 동작과 제스처
- 얼굴 표정
- 시선
- 전반적 외모와 효과

미국의 심리학자 앨버트 메라비언Albert Mehrabian 박사에 따르면, 세일즈맨이 고객에게 소개하는 내용의 절반 이상이 시각적으로 전달된다고 한다. 제3의 요인은 말하는 방법이며, 말에 의해 전달되는 내용은 겨우 7%에 불과하다. 그렇다면 당신이 어떻게 보이고 어떻게 말하는지가 무슨 말을 하느냐보다 더 중요하다는, 대단히 극적인 결론을 내릴 수밖에 없다.

프레젠테이션은 스토리텔링이다

고대 그리스 사람들은 설득을 연구했다. 그리고 설득에 관한 교훈은 끝이 없다. 소크라테스는 설득은 청자의 논리와 감정에 호소함으로써 이루어진다고 가르쳤다. 논리와 감정의 정확한 조화는 당신과 고객 사이에 신뢰할 만한 연결고리를 만든다. 필요할 때엔 대담해져라. 적절한 유머를 사용하라. 무엇보다도 지속적이고 긍정적인 인상을 만들어라.

사람들은 스토리를 좋아한다. 세일즈는 진지한 사업이지만, 프레젠테이션은 스토리로 포장했을 때 이해가 더 잘 된다. 말을 하는 동안 고객과 그의 필요를 당신이 알고 있다는 것을 보여주어라. 당신의 개인적 경험과 통찰력을 선보여 신선한 느낌을 주어라. 사람들이 물건을 사는 것은 사람을 통해서지 회사를 통해서가 아니라는 것을 명심하라. 선심을 활용하여 당신과 고객을 연결하는 동일성을 찾아내라.

프레젠테이션을 하고 이야기를 들려주는 동안 진지한 시선을 교환하라. 단, 상대를 통제하기 위해서가 아니라 오직 관계를 형성하기 위해서라는 것을 잊지 말라. 팔과 손을 이용하여 몸짓으로 표현하라. 즉, 계속해서 움직여라.

최고의 프레젠테이션을 한 후 고객의 관심을 대부분 사로잡았다면 당신은 운이 좋은 것이다. 시플리협회가 실시한 한 연구에서 다음과 같은 사실이 밝혀졌다.

- 전체 시간의 40% : 고객은 추억에 잠겨 있다.
- 전체 시간의 20% : 고객은 앞질러 생각하고 있다.
- 전체 시간의 20% : 고객은 야한 생각을 더듬고 있다.
- 전체 시간의 20% : 고객은 실제로 당신의 말을 듣고 있다!

또 고객들은 부드럽고 낮고 천천히 말하는 목소리보다는 크고 빠르고 높은 톤으로 말하는 목소리에 더 귀를 기울인다는 사실이 밝혀졌다. 고객이 주의를 기울이고 있을 때에도, 5~8 초 동안만 집중적으로 듣는다. 성인의 주의집중 시간은 평균 30초다. 여기서 고객의 주의를 사로잡는 것도 중요하지만, 그들의 주의를 계속해서 다시 사로잡는 것이 필요하다는 것을 알 수 있다.

고객과 이야기할 때 중요한 점을 몇 차례 강조하라. 그러다 보면 핵심사항이 실제로 전달되었는지 확인할 수 있다. 주요 요점을 최대 세 가지로 압축하라. 만약 제품이 고객에게 주는 혜택이 있다면, 그 이유를 세 가지로 요약하라. 그렇지 않으면 메시지의 핵심을 놓칠지도 모른다.

팀 프레젠테이션 방법

기술지원 전문가, 내부 세일즈맨, 훈련전문가 및 세일즈 매니저처럼 고객과 관련된 세일즈팀의 다른 멤버를 프레젠테이션 발표자로 추가하라. 1순위 고객담당자는 물론 당신이겠지만, 언제든 지원할 준비가 된 고품질의 인적 자원팀을 회사가 갖추고 있다는 것을 고객에게 보여주는 것이 유리하다.

이유 없이 팀 구성원을 추가하지 말라. 단지 공간을 채우거나 인상적으로 보이기 위해 고객과의 미팅에 사람을 동원하는 것은 좋지 않다. 고객은 어느 특정 개인이 대화에 기여하지 않는다는 것을 금방 알아차리고, 당신의 회사가 어째서 그런 식으로 인적 자원을 낭비하는지 의문을 가질 것이다. 고객보다 발표자를 더 많이 세우는 것은 적절하지 않으므로 가급적 피해야 한다.

팀으로 움직일 경우 일이 잘못될 확률이 높아진다. 분명한 메시지를 갖춘 단결된 팀의 모습을 보여주어라. 그러면 지원부대 없이 혼자 나온 세일즈맨보다 훨씬 더 깊은 인상을 준다. 자질이 부족하거나 우왕좌왕 뒤죽박죽인 팀의 모습을 보이는 것은 스스로 우물을 파는 격이다.

스포츠팀에서는 팀원 사이의 훌륭한 의사소통이 필수다. 세일즈팀도 마찬가지다. 모든 구성원은 자신이 어떤 기대를 받고 있는지 알아야 한다. 고객을 만나기 전에 먼저 전반적 전략, 프레젠테이션에서의 팀원의 역할, 수집하고 소개해야 할 중요한 정보, 주어진 설명시간, 복장, 그 밖에 강조하거나 피해야 할 중요한 분야 등에 관해 토론하라.

세일즈팀은 고객과 만날 장소에 정각에 도착해야 한다. 원래 계획된 시간보다 10분 먼저 도착하면 최종 미팅계획을 세우고 생각을 모을 수가 있다. 일찍 도착하면 당연히 회의가 지체될 염려가 없다. 변명으로 회의를 시작할 수는 없지 않은가.

동료 팀원이 고객에게 발표할 때 미소를 짓고 고개를 끄덕거림으로써 그 동료에게 힘을 북돋아주어라. 발표를 끝내거나 다음 발표자로 넘어갈 때는 남모르게 신호를 보내야 한다. 발표자가 바뀔 때마다 박수를 치지 않는 것이 좋다. 고객이 먼저 박수를 치면 적당하게 따라할 수는 있지만, 먼저 박수를 치는 것은 "우리 정말 잘하지 않습니까?"라고 말하는 것과 같다.

세일즈 전문가를 경계하라

세일즈맨은 많은 분야에 지식을 갖고 있어야 하지만, 그렇다고 절대 확실한 전문가처럼 굴지 않도록 조심하라. 전문가처럼 행동할 때 다음과 같은 문제가 발생한다.

● 고객도 자칭 전문가일 수 있다. 같은 주제에 전문가가 둘이면 배가 산으로 간다. 전문적 기술을 놓고 고객과 경쟁하는 것은 꼴사나운 일이다.
  → 해당 분야에 대한 고객의 전문지식 정도를 물어보라. 그리고 그에 알맞게 프레젠테이션하라.

● 고객은 주제에 대해 상대적으로 문외한일 수 있다. 그래서 당신이 사용하는 기술적 용어를 알아듣지 못할 수도 있다.
  → 업계에서 쓰는 은어를 사용할 때는 이따금 설명을 멈추고 고객이 그 용어에 익숙한지 확인하라. 익숙하다면 그

고객은 높은 수준의 자기 지식을 과시하게 되어 기분이
좋아질 것이다. 만약 익숙하지 않다면 당신의 배려를 고
마워할 것이다.

- 전문용어에 신경을 쓰다 보면 자칫 고객의 반응을 놓칠 수
  있다.
  → 설사 고객이 고개를 끄덕거리더라도 고객 중에는 이해를
    못했거나 수긍하지 않아도 고개를 끄덕거리는 사람이 있
    다는 사실을 명심하라. 매 분마다 설명을 멈추고 고객에
    게 질문하거나 의견을 물어보라.

고객은 당신의 말을 눈으로 듣는다

비언어적인 의사소통은 프레젠테이션에서 말하는 행위를 제
외한 모든 것을 의미한다. 여기에는 말을 하는 스타일도 포함
된다. 설명하는 스타일에 신경 쓰다 보면—당신이 선택한 단
어 외에—고객과의 관계가 돈독해지고 서로 마음이 통하게
된다. 반면, 불충분한 비언어적 의사소통은 훌륭한 프레젠테
이션을 망가뜨린다. 고객의 주의가 산만하면 메시지가 제대로
전달되지 않는다는 것을 명심하라.

프레젠테이션을 할 때는 복장, 움직이는 동작, 말하는 방식,

시선의 위치, 미소 등의 요소에 신경을 써라. 각 요소를 자세하게 살펴보면 다음과 같다.

프레젠테이션에서 성공하기 위한 네 가지 기술

옷차림

패션 에디터들은 지나치게 복장에 신경을 쓰지 않는 것보다는 차라리 지나치게 신경을 쓰는 편이 더 낫다고 강조한다. 이것은 세일즈맨을 위한 훌륭한 충고다. 하지만 극단으로 치우치는 것은 절대 금물이다! 편안한 분위기의 회사를 방문했을 때, 양복에 넥타이를 맸다면 말을 꺼내기도 전에 당신과 고객 사이에는 거리가 생길 수도 있다. 분위기를 잘 모를 때는 그 회사의 안내에게 전화를 걸어 물어보는 것이 좋다. 당신 회사에서 프레젠테이션을 할 경우에는 가급적 옷을 잘 입어라. 옷을 잘 입었을 때 자신감이 생긴다.

제스처

올바른 자세를 유지하도록 노력하라. 바른 자세로 손을 움직이면서 말하는 것이 주머니에 손을 찌른 채 구부정한 자세로 말하는 것보다 더 유능해 보인다. 연단 뒤에 서서 이야기를 할 때는 그 뒤에 숨거나 양손으로 연단을 잡지 말라. 키가 작은 사람은 키가 큰 사람보다 더 적극적인 자세를 취해야 한다.

초조해 보이지 않도록 조심하라. 고객은 프레젠테이션보다 당신의 모습에 더 신경 쓰기 때문이다. 제스처를 자연스럽게 취하면서 프레젠테이션의 질을 높여라. 온몸으로 이야기하라. 특히 팔을 많이 사용하라. 팔짱을 끼거나 주머니에 손을 찔러 넣거나 뒷짐을 지거나 앞에서 두 손을 꽉 잡고 있는 자세는 좋지 않다. 팔을 편하게 벌리고 손바닥을 편 채 이야기할 때의 느낌이 어떤지 살펴보라. 연습용 프레젠테이션을 비디오로 녹화하면 도움이 된다. 볼륨을 낮추고 제스처에 초점을 맞춘 상태에서 녹화한 내용을 점검하라.

화법

너무 작은 목소리보다는 차라리 큰 목소리가 낫지만, 너무 크지 않도록 조심한다. 말하는 속도 역시 너무 느린 것보다는 빠른 것이 더 좋다. 세일즈맨에게 흔히 발견되는 문제점은 "음", "저"를 너무 많이 사용한다는 것이다. 이런 군소리를 줄이려면 먼저 그런 소리를 스스로 인식해야 한다. 당신이 "음", "저"를 할 때마다 동료가 볼펜을 두드리거나 가벼운 손짓을 하여 눈치를 주는 것도 좋은 방법이다. 미리 회의실 구석에 있는 한 가지 물건을 선택하여 군소리가 나오려고 할 때마다 그 물건을 쳐다본다. 그 물건을 쳐다보고 조용히 숨을 돌리면서 "음"이라는 소리를 내지 않도록 억제한다. 발표를 하는 동안 특별히 쳐다보는 물건이 없어도 잘 할 수 있도록 자신의 말을 들으면서 숨을 돌리는 연습을 하라.

프레젠테이션 도중 잠깐씩 숨을 돌리고 쉬는 것도 중요하다. 이 휴지休止는 방금 한 말을 강조해주며, 고객이 정보를 소화하고 질문할 수 있는 시간을 준다.

시선 처리법

프레젠테이션을 하는 동안 시선을 이용하여 고객의 주의를 사로잡아라. 또 수긍과 이해의 정도를 측정할 수도 있다. 한 사람에게 프레젠테이션을 할 경우, 상식과 문화적인 분위기에 맞게 적당히 시선을 마주쳐라. 다른 곳을 쳐다본 다음에는 고객과 짧게 시선을 마주쳐서 고객이 주의를 기울이고 있는지 확인하라. 고객의 주의가 자주 흐트러진다는 사실을 명심해야 한다.

그룹 앞에서 프레젠테이션을 할 경우에는 모든 사람─가급적 많은 사람─과 번갈아 꾸준하게 시선을 마주치도록 노력하라. 상호작용이 어려운 그룹 앞에서 프레젠테이션을 할 때는 당신과 눈이 가장 많이 마주치고 가장 많이 고개를 끄덕이는 사람을 찾아 그 사람에게 적당히 관심을 보여라. 그러면 나머지 사람들이 이것을 보고 당신의 시선을 받기 위해 경쟁할 수도 있다.

미소 짓는 법

자연스럽게 얼굴을 찌푸릴 때를 제외하곤 얼굴 표정을 짓는 데 천재가 되어라. 설사 자연스러운 찡그림일지라도 고객은 그것을 조롱으로 오해할 수 있다. 미소를 짓는 것은 대개 매력적으로 비춰진다. 그러므로 가급적 자주 미소를 지어라. 혹시 미소를 짓는 것이 부적절할 만큼 주제가 진지하다면 점잖은 표정을 지어라. 집에서 거울을 보고 다양한 미소를 연습하면서 진짜라고 느껴지는 미소만 떠올리도록 노력하라. 눈가에 떠오르는 따뜻한 미소는 사람들의 주목을 끈다.

프레젠테이션을 하는 동안 스트레스를 처리하는 법

스트레스에는 특별히 해롭지 않은 것도 있다. 프레젠테이션을 할 때 맥박이 약간 빨리 뛰거나 손바닥에 땀이 나는 것이나 사전 전화통화가 주는 스트레스는 정상적이며 해롭지도 않다. 이렇게 낮은 수준의 스트레스는 실제로 프레젠테이션을 더 잘할 수 있게 도와준다. 이것은 당신의 몸이 긴장하고 주변에서 일어나고 있는 모든 일을 의식하고 있다는 증거다. 그래서 활력이 넘쳐 보인다.

프레젠테이션이나 판촉전화처럼 스트레스를 유발하는 업무를 반복하다 보면 시간이 갈수록 스트레스가 줄어든다. 전에 해본 적이 없다면 프레젠테이션을 몇 차례 미리 연습하라. 점점 익숙해지면서 자신감이나 목소리의 톤이 좋아질 것이다. 동료들로 하여금 당신의 강점과 약점을 평가하게 하라. 연습으로 완벽해지는 것은 아니지만 스트레스를 줄여주는 것만은 사실이다.

고객에게 프레젠테이션을 하거나 판촉전화를 하기 전 그리고 하는 동안 스트레스를 경감할 방법을 준비하라. 심호흡과 사전 프레젠테이션 명상도 좋은 방법이다. 속옷만 입은 관중을 떠올리는 것과 같은 아주 간단한 비결도 있다.

연습에도 불구하고 예기치 않은 일들은 얼마든지 일어난다. 어느 특정 단어를 말하면서 발음이 제대로 되지 않아 말을 더듬을 수도 있다. 말이 막혀 앞뒤가 안 맞는 말을 할 수도 있다. 테이블 위에 있는 물을 엎지를 수도 있다. 이럴 경우 고객과 나를 동일시하는 선의 원칙을 즉시 떠올려라. 관중은 당신이 고통받는 것을 보고 싶어하진 않지만, 당신이 당혹스러운 상황을 어떻게 처리하는지 궁금해한다. 일단 일어난 사태는 무시하라. 잠시 프레젠테이션을 멈추고 미소를 짓거나 혼자 웃어라. 그리고 방 안에 있는 다른 사람들을 쳐다보면서 당신이 사태를 파악하고 있음을 알려라. 농담을 하면 더 좋다. 그런 다음 다시 프레젠테이션으로 돌아가라. 실수를 기민하게 처리하고 나면 고객과의 유대관계가 더 강화된다.

프레젠테이션을 시작하기 전에 먼저 성공적으로 끝난 프레젠테이션을 상상해보라. 당신이 말을 하는 동안 고객들이 고개를 끄덕이며 미소를 떠올리는 모습을 떠올려라. 프레젠테이션이 반쯤 끝났을 무렵 자신감에 차서 의기양양해하는 자신의 모습을 그려보라. 사람들이 당신의 메시지를 정확하게 이해하는 것을 느끼며 결론에 도달하는 상상을 하라. 행동을 촉구하는 당신에게 고객이 긍정적으로 반응하는 것을 떠올려라. 이런 이미지를 마음속에 그리면서 심호흡을 하고 미소를 지은 다음 다시 시작하라. 고객에게 프레젠테이션을 하는 것 자체가 현재의 순간을 사는 전형적인 모습일 수도 있다.

프레젠테이션 도중 고객이 화를 낸다면?

프레젠테이션을 하는 동안 어느 고객이 무례하게 굴거나 화를 낼 때는 그 고객이 당신 회사에 화를 내는 건지, 아니면 당신에게 화를 내는 건지를 잘 분간해야 한다. 설사 개인적으로 화를 내는 것처럼 보여도 고객의 관점에서 사물을 보도록 노력하라. 그들은 과거에 당신의 회사나 다른 회사의 세일즈맨에 대한 경험이 별로 없을지도 모른다. 어쩌면 당신 회사의 고객 서비스나 지원, 발송, 광고 때문에 문제를 겪어봤을지도 모른다. 그날이 혹시 그 고객에게 단순히 일진이 나쁜 날일 수도 있다. 몸이 아프거나 자녀나 사랑하는 사람이 아플 수도 있다.

아니면 돈 문제나 중독증세 혹은 정서가 불안한 성격 등 개인 적으로 문제가 있을지도 모른다.

화를 내는 고객을 처리하려면, 먼저 당신의 자아는 잠시 문 밖에 세워두고 침착하고 프로다운 태도를 유지하라. 세일즈맨 은 고객 앞에서 절대로 냉정을 잃어서는 안 된다.

선심禪心을 시험하는 것 중에 가장 훌륭한 방법은 다른 사 람의 화를 처리하는 일일 것이다. 그 사람과 어떤 관계를 유지 해보라. 설사 그 관계가 이미 깨진 것처럼 보일지라도 대화를 통해 파괴적이지 않고 건설적인 관계로 귀착될 수 있는 기회 를 만들어라.

그러기 위해서는 그 고객이 주저 없이 자유롭게 말할 수 있 게 해야 한다. 비록 반박하고 싶어 몸이 근질근질하더라도 꾹 참아라. 고객의 말이 끝나면 관심사를 알려준 것에 대해 고맙 다고 말하라. 그리고 그 고객이 한 말을 요약해서 다시 반복하 라. "감사합니다. 그래서 제가 제대로 알아들었는지……." 그 고객은 그 시점에 자신의 말을 다시 정리할 것이다.

그 고객의 관심사를 조목조목 짚어가며 일일이 대답하라. 답변이 끝난 다음, "선생님의 질문에 대한 답변이 되었으면 합 니다"라는 말은 절대 금물이다! 만약 그 고객이 더 화를 내면 그에 수긍할 수 있는 최고의 방법—적어도 어떤 방법—을 찾아라.

- "선생님의 의견에 (전적으로 혹은 부분적으로) 동감합니다."
- "충분히 그러실 수 있을 것 같군요."
- "물론 그렇게 생각하실 수 있습니다."

만약 당신이 옳고 고객이 틀렸다면, 부드럽지만 단호한 목소리로 그렇다고 말하라. 만약 고객이 옳다면 실수를 인정하고 문제를 바로잡게 해주어 고맙다고 이야기하라. 문제해결을 위한 후속조치가 필요할 경우 스케줄을 잡고 거기에 맞추어라. 그리고 진전상황을 고객에게 보고하라.

이렇게 어려운 프레젠테이션을 마친 다음에는 사적인 공간을 찾아 당신 자신에게 다시 집중할 시간을 확보하라. 명상을 하는 것은 어떨까? 마음을 차분하게 가라앉히고 고객의 부정적인 말들이 빠져나가도록 하면 화를 되새기지 않고 나머지 시간을 생산적으로 보낼 수 있다.

프레젠테이션 후 거절당했을 때의 대처법

프레젠테이션이 끝나면 고객은 으레 "네, 좋은 정보를 주셔서 감사합니다만, 현재는 관심이 없습니다"라고 말한다. 흥미가 없다는 말을 들으면 정말 황당하다. 특히 프레젠테이션을 잘 했다고 생각할 때 더욱 그렇다.

만약 고객에게 거절당해 놀랐다면 프레젠테이션을 하기 전에 그 고객을 충분히 평가했는지 점검하는 시간을 가져라. 자기 자신에게 솔직해져라. 세일즈맨에게 시간은 귀중한 자산이며, 구매욕구를 이끌어내지 못하는 프레젠테이션에 한 시간 이상 투자했다는 것은 무턱대고 저지른 판단의 실수일 수 있다. 이보다는 차라리 장시간이 걸리더라도 전화로 하는 것이 더 나은 투자일 뻔했다. 프레젠테이션을 하기 전에 어떤 신호를 놓쳤는지 자문하라. 실수를 통해 배우는 교훈을 적극적으로 받아들이고 미래에는 유사한 상황이 생기지 않도록 하라.

고객의 부정적인 반응이 세일즈의 실패를 의미할까? 그럴 수도 있고 그렇지 않을 수도 있다. 당신이 프레젠테이션에 투자한 시간만큼 고객에 대한 더 많은 정보를 확보할 권리가 있다. 이렇게 정보를 수집했다는 것은 당신이 프레젠테이션을 진행하는 동안 고객의 반응과 의문점 등에 주목했다는 것을 의미한다.

우선 고객이 관심을 덜 보였다고 해서 당신이 '칼을 뽑아들지'는 않는다는 것을 고객에게 보여주어라. 당신은 다만 최종적으로 몇 가지 질문을 하고 싶은 것뿐이라고 안심시켜라. 초기의 거부반응에 적대적 태도를 취하는 것은 그 고객에게 판매할 수 있는 기회를 아예 차단하는 것이다.

당신의 프레젠테이션이 어째서 고객의 흥미를 유발하지 못했는지 물어보라. 솔직하고 직접적인 답변을 유도하라. 고객의 말을 중간에 끊지 말고 그들의 관점에 이의를 제기하고 싶은 유혹을 물리쳐라. 그리고 고객이 거절하는 입장을 당신이 이해하고 있음을 알려라. 그런 다음 실망과 체념하는 어투(역시 논쟁하는 듯한 어투는 피한다)로 "예" 혹은 "아니오"로 대답할 수 없는 질문을 하라.

가령 "현재 납품업자를 계속 고집하는 가장 큰 이유는 무엇입니까?"는 어떤가? 이 질문에 대한 대답의 범위는 광범위하지만, 그 고객의 대답이 "우리 회사는 내년까지 메디플라스틱에서 부품을 구입하기로 계약했습니다. 그 계약이 종료되면 그때 가서 다시 귀사 제품에 관해 얘기할 수 있을 것 같습니다"라고 가정하자. 이는 소크라테스 방식으로 후속질문을 던짐으로써—진술에 이의를 제기하는 것이 아니라—차선책을 추구할 수 있는 기회를 제공한다.

프레젠테이션 후 거절당하면 다음과 같이 질문해보라.

- "계약이 깨지거나 내용이 수정된 적은 없습니까?" 그렇다고 하면 "무슨 이유였습니까?"라고 질문하라.
- "그런 계약은 고객님의 부서에서 요구한 겁니까 아니면 재무부서에서 요구한 겁니까?"(이 질문으로 조직구도에 영향을 미치는 미지의 영향력을 파악할 수 있다)
- "계약을 파기하면 메디플라스틱에서 뭘 요구할까요?" 그런 다음, "그 결과가 더 싼 가격에 더 좋은 제품으로 바꿀 수 있는 호기를 놓칠 만큼 중요합니까?"라고 물어라.

- "지금 저희 제품을 시험하면 어떨까요? 그럼 계약이 종료되었을 때 빨리 움직일 수 있는 선택권을 갖게 될 텐데요."

문제를 명확하게 하는 이런 대화를 통해 고객이 사업을 개선할 수 있는 선택권을 개발하도록 아이디어를 교환할 수 있다. 또한 유용한 정보—가령 다른 의사결정자를 파악하는 일—를 확보하게 해준다. 실제로는 예산부족이 문제인데도 기술적인 이의를 제기할 때가 있다. 물론 그 반대의 경우도 있을 것이다.

예산문제는 흔히 일어나며 기술적 반대보다 처리하기가 더 간단하다. 예산상의 반대에 맞서 미리 준비하라. 대치 가능한 재정적 옵션, 리스 및 결재 방식에 관해 파악하라. 신품 구매조건에 중고품 보상판매가격이 있는지 조사하라. 고객에게 무료나 최저가로 제공할 수 있는 제품 관련 교육 혹은 업그레이드와 같은 인센티브에 관해 논의하라.

기술적 반대는 해결하기가 더 어렵다. "우리는 귀사 제품이 기술적으로 열등하다고 봅니다"라는 대답은 당신의 경쟁사 제품에 관해 포괄적으로 정보를 수집한 데다 고객의 확신과 성향이 덧붙여진 것이다. 후자는 가장 입수하기 어려운 정보다. 당신이 준비한 실제 제품의 비교 테스트나 대회에 관한 정보는 당신의 제품이 열등하다는 고객의 인식을 바꿔놓을 수 있는 훌륭한 기회다.

만약 고객의 반대가 근거가 없다면 차분하고 냉정하게 있어라. 고객은 세일즈맨이 진가를 인정받지 못하고 비능률적이라고 느낄 만한 의제를 숨길 때가 종종 있다. 당신의 솔직함이 상대에게 통하지 않았다 해도 할 수 없는 일이다. 당신은 최선을 다한 것이다.

　고객이 당신이 그만 포기하고 떠나주기를 진정으로 바란다면, 시간을 할애해줘서 고맙다고 인사하고 기꺼이 그 자리를 떠나라. 이렇게 민감한 시점에서 다음에 만날 스케줄을 잡으려고 고집하지 말라. 분기마다 출시되는 신상품을 점잖게 소개하는 것도 나쁘지 않지만, 고객은 "아뇨, 괜찮습니다. 나중에 필요하면 전화하지요"라고 말할 수도 있다.

　프레젠테이션이 끝난 후 판매로 이어지지 않을 것이 확실한 경우 고객에게 도움을 요청하라. 떠나기 전에 당신의 제품에 관심을 가질 만한 아는 동료나 회사를 세 군데 정도 소개받아라. 이런 부탁은 고객이 당신의 제품에 거부의사를 보이자마자 당장 하는 것이 상책이다. 나중에 이런 연락처를 받기 위해 전화나 이메일을 보내면 효율적이지 않다(도움을 청하는 이와 유사한 방법을 6장에 소개했다). 세 군데가 아니라 설사 한두 군데만 소개받는다고 해도 놓친 기회가 잠재적 승리로 전환될 수 있다는 것을 의미한다.

　프레젠테이션을 마친 다음 "사양하겠습니다"라고 말하는 고객을 계속 관리해야 할지 결정해야 한다. 놓친 건수를 쫓는 것은 다른 사람에게 팔 수 있는 당신의 능력을 낭비하는 것이다. 충분한 이유가 있을 때만 계속 쫓기로 결정하라. 그런 다음 그 고객의 거부의사를 요리할 새로운 전략을 세워라.

복잡한 생각을 정리하는
'생각은 잎사귀다'식 명상법

조용한 장소를 찾아 편안하게 앉아라. 거품이 일으키며 흐르는 개울이나 졸졸 물이 흐르는 시내의 부드럽고 풀이 우거진 둑에 자신이 앉아 있는 모습을 상상하라. 물은 오른쪽에서 왼쪽으로 흐르고 있다. 시내는 당신의 명상을 표현하는 것이다. 따스한 가을 날씨에 당신은 평화롭고 자연과 연결되어 있음을 느낀다.

둑 건너편에 당신보다 훨씬 커다란 참나무 한 그루가 있다고 상상하라. 참나무는 당신의 마음을 표현한다. 나뭇가지에는 큼지막한 황금빛 잎사귀가 수천 개 달려 있다. 잎사귀는 당신의 생각을 표현한다.

새로운 생각이 떠오를 때마다 그 생각이 가지에 달려 있다가 눈앞에 있는 시내로 천천히 떨어지는 참나무 잎사귀라고 생각하라. 그리고 그 모습을 시각화하라. 잎사귀는 물을 살짝 튀기며 흘러가는 물 위에 내려앉아 떠내려간다. 당신의 시야에서 벗어나, 당신의 마음에서 벗어나, 아주 멀리 떠내려간다.

생각 · 잎사귀를 들여다보라. 그리고 그것을 있는 그대로 받아들여라. 좋건 나쁘건 그것은 그저 생각일 뿐이다. 이따금 시냇물이 처음 생각 · 잎사귀를 흘려보내면, 또 다른 생각 · 잎사귀가 나무에서 떨어질 것이다. 이 생각 · 잎사귀가 가도록 내버려두자. 첫 번째 생각이 그랬듯이 아무 판단도 하지 말고.

이렇게 하다 보면 마음을 산란하게 하는 생각들이 빠져나가고 마음이 텅 비는 것을 느낄 수 있다. 이 텅 빈 마음에 순수함과 지혜와 만족감이 밀려올 것이다. 마음을 애써 비우려고 하지 말라. 대신 심호흡을 하되, 깊이 들이마시고 더 깊이 내쉬어라. 숨을 들이마시고("1, 2, 3, 4") 내쉬면서("1, 2, 3, 4, 5, 6") 조용히 수를 세면 도움이 된다.

"이 명상이 효과가 있을까?" "시간이 얼마나 흘렀을까?" 또는 "오늘 오후에 일정이 어떻게 되더라?"라는 생각들이 떠오를 것이다. 모든 생각이 차례로 물 위로 떨어져서 흘러가게 하라. 생각 · 잎사귀가 떨어지는 순간은 지극히 특별한 순간이다. 내적인 침묵과 평화를 즐겨라. 고요를 감상하라.

인내심을 가지고 이 명상을 해보라. 처음에는 몇 분 동안만 하다가 점차 5분 혹은 10분으로 시간을 늘려라.

제 8 장

—

명상 세일즈 기법으로
팀워크 이루기

고독한 방랑자는 가라!

팀의 개념은 세일즈의 세계에서는 간혹 불필요한 개념으로 보일 때가 있다. 세일즈맨은 자기 자신을 어떤 도움도 필요하지 않은 고독한 방랑자로 여기고, 기술전문가에게 자주 조언을 구하지 않는다.

팀과 팀워크도 세일즈의 중요한 부분이다. 회사를 세우고 경영하는 일에서부터 제조와 유통, 고객 서비스 및 지원에 이르기까지 혼자 할 수 있는 일은 아무것도 없다. 성공적인 세일즈맨은 할당액을 달성한 것이 자신의 노력뿐만 아니라 다른 사람들의 인식과 태도, 업무수행 덕분이라는 것을 깨닫는다. 이것은 물론 상호적이다.

이런 상호작용과 타인에 대한 의존도를 윈윈win-win 시나리오라고 생각하면 된다. 팀워크란 싫어도 버릴 수 없는 것으로 생각하는 것은 바람직하지 않을 뿐더러 회사의 운영에도 해가된다. 고객은 세일즈 조직으로부터 신속하고 정확한 반응을 기대하므로, 팀 접근이야말로 이런 반응을 전달하는 최고의 방법이다.

효율적인 세일즈맨은 본능적으로 팀워크가 주는 혜택을 간파한다. 이런 사람은 자신을 사람과 자원이 모인 가상의 팀으로 여기며, 이는 성공을 위한 도구가 된다. 또한 주변에서 도움을 주는 사람들에게 늘 고마워하므로 결국 서로 보상을 주는 사이클을 형성하게 되는 것이다.

사람과 부서 간 윈윈 자세는 다음과 같다.

- 분명하게 규정된 역할, 기대감 및 조직도
- 팀원 간 신속하고 정확하고 훌륭한 의사소통
- 경영모범 설정하기, 지도, 문제해결과 인정

팀의 역동성은 팀의 규모, 구조 및 목표에 따라 다르다. 그러므로 당신이 속한 팀의 특색에 맞게 조율하는 것이 무엇보다 중요하다. 의사소통을 가로막거나, 파워 게임과 자아에 상처를 주는 일처럼 팀에게 해가 되는 태도나 행동을 조심하라.

동료와 비경쟁적 관계를 설정하라

동료와의 좋은 관계는 때로 삶과 일의 질을 높일 수 있다. 동료와 다음과 같은 일을 할 때 우정이 싹튼다.

- 업무를 공유할 때
- 육체적으로 같이 부대끼며 일할 때
- 공통의 관심사나 취미가 있을 때
- 결혼, 자녀교육 및 주택구입과 같은 비슷한 인생사를 공유
  할 때

직장 내에서의 우정은 직장 밖의 우정보다 더 많이 압박받
는다. 승진, 봉급인상, 일방적 성공과 인정은 관계에 긴장을
준다. 이런 긴장을 해소하기 위해서는 애초에 비경쟁적 관계
를 설정해야 한다. 친하다는 이유로 일에 영향을 주지 않도록
약속하라.

대부분의 동료는 친한 친구가 아니라 지인이 된다. 모든 사
람을 존중하는 태도를 보임으로써 이런 관계를 보호하고 키워
나가야 한다. 특히 직급이 낮은 동료와 더욱 그렇다. 비서, 응
접원이나 행정보조원은 가장 힘들게 일하면서 인정은 못 받고

자기 훈련 15	고객과 세일즈맨의 관계에서 시작하여 우정으로 발전한 경우를 적어보라.

-
-
-
-
-

임금수준도 가장 낮다. 정기적으로 시간을 내서 그들의 업무 가치를 소중하게 생각하고 있다는 것을 보여주어라. 그들에게 점심을 사라. 꽃을 선물하거나 외모를 칭찬해도 좋다(이때는 원치 않는 접근이나 희롱이 되지 않도록 조심하라).

동료의 성공에 분개하지 말라

세일즈맨은 종종 돈으로 동기부여를 받는다. 그리고 큰 거래를 마감하고 두둑한 커미션을 챙겨 그 다음 주에 고급차를 타고 오는 동료를 외면하기란 참으로 어렵다. 당신이 최근에 큰 거래를 놓쳤다면 아마 다른 사람의 성공에 더욱 상처받을 것이다.

동료의 성공에 가장 해로운 질투는 그들이 그럴 만한 자격이 없다고 느끼는 것이다. 이 시기 섞인 분개한 반응 속엔 실제로 독화살이 들어 있다. 이런 느낌은 개인과 조직에 모두 해롭다. 이럴 때는 그냥 느껴지는 그대로 받아들여라. 시간을 갖고 그런 느낌을 어떻게 처리할지 생각하라. 처음에는 심기가 불편하겠지만 진지하고 겸손하게 승리한 동료에게 박수를 쳐주어라. 질투심이 느껴질 때, 그 질투심에 얼마나 오래—1분, 한 시간, 하루—사로잡혀 있을 것인지, 또 언제 그 마음을 비울 것인지는 전적으로 당신의 결정에 달렸다.

파랑새―우연히 어느 세일즈맨에게 굴러들어온 기회―가 날아오른다면, 우연은 특별히 좋아하는 대상이 없다는 사실을 기억하라. 기회가 당신을 향해 미소 지으면 사람들의 축하를 받아라. 기회가 다른 사람에게 미소를 지으면 가서 축하하라.

질투심이 일어나는 것은 동료를 경쟁자로 보기 때문이다. 이런 적대적 자세는 동료를 어떤 대가를 치르더라도 무찔러야 할 적으로 만든다. 동료가 이기면 내가 진다. 이런 부정적이고 자기파괴적 관점을 없애려면 동료를 친구로, 당신과 같은 감정을 느끼는 사람으로 인정하라. 이런 감정이 이입되면 동료가 거래를 놓쳤을 때 진정한 동정심이, 거래를 성사시켰을 땐 진정한 기쁨이 우러난다.

질투심은 자신을 부끄럽고 어리석게, 때론 추하게 만든다. 그나마 질투심은 부정적일 수도 있고 긍정적일 수도 있기 때문에 욕구처럼 더 복잡한 감정보다는 처리하기가 쉬운 편이다. 부정적인 것을 긍정적인 것으로 전환한다는 자세로 동료에 대한 질투심을 목표를 달성하기 위해 일을 더 열심히 하는 동기부여로 전환하면 어떨까. "잘 했단 말이지? 흥. 나도 잘할 거야!" 이것만이 질투라는 괴물을 긍정적으로 활용하는 유일한 길이다.

'보내기'를 클릭하기 전에 한 번 더 생각하라

팀원에게 이메일을 보내는 것은 분명한 의사소통을 위한 훌륭한 도구다. 특히 보내는 사람이 '받는 이'의 존경을 받는 사람이라면 더욱 그렇다. 회사의 이메일 시스템은 많은 사람에게 정보를 전달하고 많은 답장과 코멘트를 통해 주제의 맥락을 관리하는 데 매우 효율적이다. 하지만 이메일은 긴급한 질문에 대한 신속한 답변을 받기에는 전화만큼 효율적이진 않다. 또한 오히려 의사소통에 방해가 되어 직장에서 문제를 일으킬 수도 있다.

받는 이와 얼굴을 마주하고 대화하는 것처럼 이메일을 작성하라. 감히 대놓고 소리를 지를 수 없는 동료라면, 이메일로도 그 직원에게 함부로 할 수 없을 것이다. 동료들이 일로 정신없이 바쁠 때 당신은 문 앞에 서서 농담을 던지지는 않을 것이다. 이메일로 불필요한 농담을 보내는 것 역시 받는 사람을 약오르게 한다.

정보를 정확하게 전달하는 능력에도 불구하고 이메일은 오해를 불러일으키기가 매우 쉬운 매체이며, 오해의 대부분은 수신인이 아니라 발신인에게서 비롯된다. 이메일을 작성하는 스타일에 신경을 쓴다면 동료들과 좋은 관계를 유지하는 수확을 거둘 것이다.

아래의 길잡이를 참고한다면 수신인의 오해를 최소화할 수 있다.

- 보내는 이메일에 바이러스 체크를 꼼꼼히 하라.
- 첨부파일 양이 많다면 이메일 텍스트에서 그 사실을 수신인 에게 알려라.
- 숨은 참조blind carbon copy(수신인이 자기 이외의 다른 수신자가 더 있다는 것을 모르게 하는 방법-옮긴이)를 활용하라.

길고 지루한 내부 영업회의를 거울로 삼아라

영업회의는 세일즈의 중요한 부분이다. 영업회의가 아무리 지루하다 해도, 지루한 사람이 당신 혼자가 아니라는 사실을 명심하라. 다른 사람이 발표하는 것을 장시간 듣다 보면 정신 이 멍해지는 수가 있다. 이것을 해결하기 위해서는 선의 자기 인식을 연습하고 가급적 그 순간에 집중하는 길밖에 없다.

영업회의는 적극적인 듣기기술을 향상시킬 수 있는 훌륭한 기회다. 얼마나 빨리 또 쉽게 머릿속으로 다른 생각이 파고드 는지 정말 놀라울 지경이다. 다른 사람들이 발표하는 것을 관 찰하다 보면 다양한 비언어적 의사소통 가운데 어느 것이 효 율적인지를 파악할 수 있다. 효율적인 스타일을 골라 당신의 것으로 만들어라. 또 세일즈맨이 너무 지루하게 설명할 때 고객이 어떤 느낌일지 그 심정을 이해할 것이다. 당신이 듣는 순서일 때는 발표자의 말에 집중하라. 그러면 발표자를 도울 수 있으며 대화에 기여할 수 있다. 또 더 중요한 팀원이 될 수도 있다.

당신이 세일즈팀에게 설명할 때는 회의실에 있는 사람 절반이 꾸벅꾸벅 졸거나 다른 곳을 멍하니 쳐다보거나 다른 사람과 소곤거리는 것이 얼마나 보기 싫은지를 마음에 새겨두어라. 동료의 설명을 주의 깊게 들어주면 그 동료 역시 당신이 설명할 차례가 되었을 때 똑같이 해줄 것이다.

선심을 통해 영업회의에서 동료가 처한 문제점을 해결할 방법을 찾아라. 아무 사심 없이 이렇게 해줄 수 있는가?

- 그들의 성공에 기여할 수 있는가?
- 당신이 사용했던 접근법, 당신이 만든 프레젠테이션과 제안서를 공유할 수 있는가?
- 당신이 발견한 고객확보용 자원을 공유할 수 있는가?
- 구체적으로 필요한 연줄을 공유하고 중요한 사람을 소개할 수 있는가?

해줄 때는 아무 대가를 바라지 말고, 다만 이런 긍정적 에너지는 인과응보의 방식으로 작용한다는 사실을 기억하라.

영업회의에서 누군가 술수를 쓰는지 주시하라. 회의는 동료들의 실수와 지식 부족을 재빨리 간파하고 지적할 수 있는 유혹적인 자리다. 그 유혹을 물리쳐라. 또 설사 어느 동료가 상사에게 계속 '사탕발림' 섞인 행동을 한다고 해도, 그 행동을 판단하거나 비난하지 말라. 대부분의 상사는 눈치 빠른 부하 직원의 의도를 파악할 만큼 충분히 눈치가 빠르다.

세일즈 매니저는 어떻게 처리할 것인가

세일즈 매니저는 당신의 성공을 위한 치어리더다. 당신의 성공은 단지 수입 측면뿐만 아니라 매니저가 당신을 고용하여 제대로 된 사람으로 키웠다는 성취도 측면에서도 그의 성공에 도움이 된다.

매니저가 당신을 지휘하는 것은 주어진 지위를 이용하여 함부로 소리를 질러 명령을 내리는 것이 아니라 주어진 역할을 수행하고 있는 것이다. 당신의 세일즈 매니저가 자질이 부족하다고 보인다면 매니저의 상사가 인정한 능력과 자질을 단지 당신이 볼 수 없는 것은 아닌지를 생각해보라. 고객의 말을 듣는 것처럼 매니저의 말을 주의 깊게 들어보라. 그 순간 당신은 한 발 앞서게 된다.

일 처리를 잘 하는 세일즈맨은 매니저보다 더 많이 보상받는다. 세일즈 매니저는 원래 톱 세일즈맨이 받는 높은 커미션에 불평하지 않는다. 최고의 세일즈팀은 많은 수의 개개인이 일을 잘 하고 돈을 많이 버는 팀이다.

세일즈 매니저의 본분은 아랫사람을 지휘하고 윗사람에게 보고하는 것이다. 세일즈맨은 때로 세일즈 매니저를 불필요한 사람이라고 생각한다. 부사장과 잘 알고 지내는 세일즈맨은 "부사장에게 직접 보고하면 안 되나?"라고 생각할 수도 있다. 그러나 부사장이 직접 처리할 수 있는 효율적인 보고의 양은 한정된다. 게다가 각 팀의 문제는 그 팀의 세일즈 매니저가 처리하는 것이 훨씬 더 적합하다.

미국의 군대에서는 상병 하나가 이등병 셋을 효율적으로 관리하고, 병장 하나가 상병 셋을 효율적으로 관리하는 법칙을 따른다. 수동적 경영과 능동적 경영 사이의 균형이 잘 유지될 경우 한 사람의 세일즈 매니저는 최대 열 명 혹은 그에 해당하는 문제를 효율적으로 관리할 수 있다.

세일즈 매니저에게 가장 힘든 일은 견습 중인 신입사원과

자기 훈련 16

당신이 함께 일한 최고의 세일즈 매니저와 그를 최고로 꼽은 이유를 써보라.

-
-
-
-
-

업무처리가 부진한 직원을 포함하여 사람들을 능동적으로 관리하는 것이다. 이런 일상적인 관리만 해도 매니저의 하루는 순식간에 지나간다.

스스로를 관리하기 쉬운 사람으로 만들어라

세일즈 매니저에게 그의 상사가 요구하는 것이 무엇인지를 물어보라. 당신의 매니저에게 주어진 업무를 완성할 수 있도록 돕는다면—당신의 주된 역할이 부정적으로 영향받지 않는 한에서—당신의 일이 더 쉬워진다.

대부분의 세일즈맨은 세일즈 매니저의 일이 그다지 매력적이지 않다는 것을 잘 모른다. 영업전망에 관한 자료를 수집 후 분석하고, 회의와 전화회의에 몇 시간씩 매달리고, 인사문제를 처리하고, 무리한 수입 목표액을 떠맡는 일은 많은 매니저를 회의에 빠뜨린다. 어째서 고객을 확보하고 고객에게 제품을 판매하는 편안한 일을 그만 두었나 후회할 만큼 말이다.

세일즈맨과 세일즈 매니저는 대개 돈으로 동기부여를 받는다. 그런 만큼 가급적 많이 팔아라. 그러면 세일즈 매니저가 당신을 괴롭히지 않을 것이다. 물론 항상 그런 것은 아니다. 현명한 매니저는 수익을 열쇠로 보지만, 훌륭한 세일즈맨은 비수기에 굳이 애쓰지 않고 성수기가 오기를 기다린다. 시간을 소중히 여기는 훌륭한 세일즈 기술에는 다음과 같은 관리가 포함된다.

- 창의적인 고객확보 활동
- 완벽한 제품지식
- 뛰어난 프레젠테이션 기술
- 효율적인 시간관리
- 계속되는 반복작업과 새로운 고객 추천받기

이런 기술을 가진 세일즈맨에게 수입의 굴곡은 있겠지만, 그렇다고 일일이 감시할 필요는 없다. 반대로 형편없는 실적을 올리는 세일즈맨도 나름대로 인정해야 한다. 그러나 잔소리를 들어야 할 대상에서 제외될 수는 없다.

이따금 세일즈 매니저가 당신을 비판할 것이며, 당신에게 실망하고, 또 자주가 아닐수록 좋겠지만 어쨌든 화도 낼 것이다. 윗사람이 화를 내면 본능적으로 방어하게 되고 정해진 절차에서 도망치게 된다. 그럴 때는 심호흡을 한 다음 매니저가 화를 내고 있다는 것을 상기시켜 주어라. "지금 당장은 몹시 화가 나신 것 같군요." 이런 말은 대화의 열기를 조금 가라앉히고 효율적으로 의사소통하게 한다.

화가 나서 하는 말을 들을 때는 선심으로 그 상황을 조절하라. 그 말 뒤에 숨겨진 진정한 메시지를 차분하게 찾아보라.

내뱉은 말의 요지를 명확하게 정리하되, 말하기보다는 듣는 것에 더 열중하라. 어려운 상황을 조정하는 이런 배려는 세일즈맨과 매니저의 관계를 튼튼하게 해준다.

나보다 젊고 경험이 짧은 상사가 온다면?

세일즈맨으로 경력이 쌓일수록 자신보다 더 젊은 상사와 일하는 것이 불가피해진다. 당신의 상사가 나이가 더 젊거나 업계에서의 경험이 부족하다 해도 그것은 사실 중요하지 않다. 중요한 것은 그들의 관리능력이며, 그들이 일을 잘 할 수 있도록 해주는 당신의 능력과 의지다. 나이와 지위가 비례하는 직선적인 고용의 시대는 이미 지났다. 군대나 경찰과 같은 경직된 조직에서조차 대위가 하사관보다 나이가 더 어릴 수 있다. 세일즈 분야에서는 이런 나이를 뒤집는 구조가 빈번하게 발생한다.

선심은 계급차이의 필요성은 인정해도 비중은 두지 않는다. 동질성의 정신에서 개개인은 각기 다른 역할을 맡고 있을 뿐, 그것을 사람의 우열로 판단해서는 안 된다.

더 젊거나 경험이 짧은 사람이 상사로 오는 것이 불편하다면, 그 이유를 잠깐 생각해보라. 회사의 임원진이 필요하다고 생각하는 경력을 그 사람이 가지고 있을 수도 있다. 어쩌면 임원진은 당신이 속한 그룹의 행동에 급격한 변화를 주고 싶을 지도 모른다. 그렇지만 이유를 안다고 해서 쉽게 받아들여지는 것은 아니다.

젊고 경력이 적은 상사에 관한 추측은 하지 않는 것이 좋다. 나이 든 사람을 젊은 사람으로 대치할 수 있는 경영자는 흔치 않다. 임원진은 젊은 상사를 고용할 때 다음과 같이 생각한다. ① 나이와 상관없이 재능은 재능이다, ② 단지 나이 때문에 피고용인을 교체하면 나이차별 소송에 휘말릴 수 있다.

젊은 상사는 당신처럼 세일즈 기술은 가지고 있지 않지만, 그런 만큼 하는 일이 다르다. 그들의 일은 관리하는 것이다. 당신이 젊은 상사의 관리를 받는 것이 불편하고 확신이 없는 만큼, 그도 당신을 관리하면서 그렇게 느낀다. 당신이 그를 존중한다는 인식을 심어주는 것이 바람직하다.

젊은 상사의 지위를 고려하여 기분 나쁜 느낌을 받지 않도록 적절하게 의사소통하라. 기본적으로 그는 당신의 제안은 환영하겠지만 생색을 내는 듯한, 부모가 자녀에게 타이르는 듯한 말투로 한다면 기분 나빠할 것이다. 이렇게 되면 관계를 쌓는 것이 아니라 장벽을 쌓는 것이다. 젊은 상사에게 당신이 조언하는 것에 대한 의견을 물은 다음 예의를 갖춰 대화를 풀어나가야 한다. 동시에 조언을 해달라고 부탁하라. 그는 그 안에 함축된 존중을 고맙게 받아들일 것이다.

젊은 상사는 나이에 상관없이 부하직원에게 의존한다. 당신의 원숙함을 활용하라. 단계별로 조금씩 그 상사를 받아들여라. 그리고 서로 신뢰하고 보답하는 업무관계를 형성하라.

골치 아픈 상사를 만날 때야말로
자기 자신을 유지하라

골치 아픈 상사를 모시고 일을 하는 것만큼 감정적으로 소모적인 일은 없다. 당신의 상사가 계속 화를 내거나 감정적으로 대한다면, 그것이 결과에 기초한 것인지 아니면 장기적인 것인지를 객관적으로 검토하라. 어떤 계기는 없었는가? 최근 들어 당신이 영업하는 방식을 바꾼 적이 있는가? 아니면 그 사람과 의사소통하는 방식을 바꾼 것은 아닌가?

당신에게 원인이 없다면 그 상사와 만날 약속을 하고 당신의 기분을 전달하라. "부장님께서 불편해하시는 것 알고 있습니다. 그래서 저도 마음이 편치 않습니다"라고 말한다면 당신의 기분을 정확하게 전달하면서도 그의 마음상태를 인정한 것이 된다.

이런 대화가 이루어지지 못하면, 당신은 화를 내거나 자존심 혹은 자아에 사로잡혀 있는 상사를 감수해야 한다. 부하직원으로서 결코 쉬운 일이 아니다. 그런 상사는 대부분의 시간을 거의 모든 직원에게 화를 내며 보낸다는 것을 받아들이려고 노력하라. 개인적인 문제가 아닐지라도 누군가 당신에게 화를 내는 것을 참는 것은 쉽지 않다. 그들은 화를 내고 무례하게 굴고 또 남을 혹평해도 괜찮다는 사고방식을 가지고 있을 수 있다. 이런 행동은 하루아침에 바뀌지 않는다.

회사임원들이 그 상사의 무례한 스타일과 감정의 기복을 알고 있는지 알아보라. 만약 모른다면 알게 하는 것도 나쁘지 않다. 약간의 위험을 무릅써야겠지만 말이다. 임원들이 그 상사의 감정적인 문제는 알고 있지만 그냥 내버려두기로 결정했다면, 그리고 당신은 계속해서 그의 화를 감수해야 한다면, 다른 직장을 알아보라. 스트레스는 세일즈에서 수용 가능한 요소다. 하지만 남용은 다르다.

어느 상사나 고객 혹은 동료가 당신의 감정을 상하게 하는 말이나 행동을 했을 때는 자신에게 집중할 수 있는 시간을 갖고 진상을 바로잡아야 한다. 그런 다음 일을 계속하는 것이 좋다. 당신에게 화를 가라앉히는 장치 중에 어느 것이 효과적인

자기 훈련17 당신의 상사에게 말하고 싶었으나(불평 혹은 비판) 지금껏 하지 못한 말을 적어보라.

-
-
-
-
-

지 찾아라. 주변을 산책하거나 차를 마시거나 잠시 조용히 앉아 생각에 잠긴다거나 선택은 자유다. 다른 사람들과 수다를 떨면서 가슴에 쌓인 것을 해소하는 것도 좋은 방법이다. 물론 수다를 떨기 전보다 스트레스를 덜 받아야 한다.

명상은 자신에게 친절을 베푸는 행위다

커미션의 일부를 마음껏 쓰면 마음이 풀리고 기분이 좋아지는 것처럼 명상도 마찬가지다(게다가 공짜다).

명상을 자주 할수록 얻는 혜택이 더 많아지는 것을 알게 된다. 하루의 압박과 주변의 요구사항으로부터 벗어나는 휴식시간처럼 명상을 기다리게 될 것이다. 그러면서 자신만의 시간을 갖게 된다. 호흡을 세는 일이 점점 필요 없어진다. 자연스럽게 마음의 고요와 평온에 빠져들기 때문이다.

명상은 어떤 목표를 향해 가는 길이 아니다. 평화, 맑음, 통찰, 개인의 능력과 지혜를 체험하게 해주는 여정의 한 요소일 뿐이다. 명상을 편견 없이 받아들인다면, 모든 사람과 모든 사물에 대해 더없이 행복하고 완전한 연민을 느낄 것이다.

명상을 하는 동안과 명상이 끝난 뒤, 전에는 어떻게 느꼈는지를 주의 깊게 살펴보라. 명상이 끝날 때마다 당신이 관찰한 것을 적어보면 어떨까. 나중에 그것을 읽어보고 명상이 어떤 영향을 미치는지를 되돌아보라.

간혹 분명하게 보이는 것을 겉으로 표현하라. 지금의 당신이 될 수 있고, 가지고 있는 것을 가질 수 있고, 행동하는 방식을 사랑할 수 있고 사랑 받을 수 있으며, 또 일정 수준의 기회를 가질 수 있고, 그렇지 않은 주변에 있는 많은 사람을 위로할 수 있다는 것이 얼마나 다행한 일인지 생각하라.

혼자만의 조용한 공간에서 이런 자기확인 명상을 해보라. 우선 편안하게 앉아라. 깊게 숨을 들이마신 다음 완전히 내쉬면서 다음과 같은 말을 해보라.

- "나는 살아 있다."
- "나는 숨을 쉬고 있다."
- "나는 건강하다."
- "내게는 가족이 있다."
- "내게는 친구가 있다."
- "나는 사랑받고 있다."
- "나는 배가 고프지 않다."
- "나는 가난하지 않다."
- "나는 많은 것을 가지고 있다."
- "나는 줄 것이 많다."

자기확인은 분명하게 눈에 보이는 것을 말하는 것과 동시에 강력한 도구가 된다. 관점을 교정하는 것 외에도, 인식한 문제 가운데 진짜 문제를 골라내는 데 많은 도움이 된다. 당신의 마음에 와 닿는 자기확인법을 찾아라. 그리고 그것을 자주 반복하라. 가장 좋은 것을 종이에 적은 다음 책상 주변에 붙여서 자주 볼 수 있도록 한다.

제 9 장

—

명상 세일즈 기법으로
부하직원 관리하기

본보기를 보여라

관리하기와 잘 관리하기는 엄청난 차이가 있다. 관리한다는 것은 피고용원들을 이끄는 것이다. 관리를 잘 한다는 것은 피고용원들을 윤리적으로, 효율적으로 또 거만하지 않은 자세로 이끄는 것이다. 기업주, 임원 및 매니저들은 자세나 행동에서 피고용원들에게 최고의 본보기를 보여야 한다. IBM, HP, P&G, 모토로라와 같은 기업들은 본보기를 통한 상의하달 top-down 방식의 리더십을 꾸준히 보여준다. 이런 기업은 다음과 같은 부분에서 훌륭한 모범이 된다.

- 환경 : 환경오염의 감소, 재활용과 에너지 절약 대책
- 지역사회와의 관계 : 자선활동, 재단, 지역사회 봉사, 복지 및 장학금
- 피고용원과의 관계 : 공정한 임금, 연금, 가족복지 정책 및 육아휴가
- 다양성 : 미성년자, 여성, 장애인 및 베테랑의 고용
- 고객과의 관계 : 품질경영 프로그램과 고객만족 추구

이런 기업태도와 행동은 단순히 법의 테두리 내에서 운영하는 차원이 아니다. 법을 잘 지키는 것은 벌금이나 소송을 피하는 차원에 머물면 그만이다. 종업원, 고객 심지어 다른 회사들에게 긍정적 본보기가 되는 것이야말로 훌륭한 경영의 진면목이다. 더 높은 곳을 향해 나아가라.

매니저에게 윤리가 왜 필요한가

윤리를 넓게 정의하면 대략 이렇다. 다른 사람에게 영향을 미치는 행동에서 무엇이 옳고 그른지, 또한 좋고 나쁜지에 관한 개인이나 조직 혹은 문화적 신념. 이 정의는 개인이나 조직 혹은 문화적 행동을 지배하는 규칙과 표준을 광범위하게 포함한다.

도덕과 윤리의 차이점은 도덕은 옳고 그른 행동의 원칙이며, 윤리는 도덕적으로 올바른 행동체계라는 것이다. 당신이 기준으로 삼고 살아가는 원칙은 도덕이며, 그 원칙에 따라 행동하는 체계는 윤리다.

많은 철학자가 그랬듯이 선에서도 말이나 행동이 자기 자신이나 타인에게 해가 되는지 아닌지를 판단하는 일이 윤리적 행동을 결정하는 기준이 된다. 만약 해가 된다면 그 행동을 피해야 한다. "무엇이든지 남에게 대접받고자 하는 대로 너희도

남을 대접하라"는 성경의 황금률—다른 대부분의 종교에서 말하는 상호 관계의 윤리와 더불어—도 이와 유사한 교훈이다. 이런 것은 자제심이 강하고 사려 깊은 사람의 특징이다.

어려운 결정과 상황에 직면했을 때 내면의 목소리만큼 최고의 안내자는 없다. 개인적 윤리의 성숙과 기준은 내면에서 나와야 한다. 하지만 윤리적 이해는 외적으로 습득한 교훈에서 만들어져야 한다.

어떻게 행동해야 할지를 결정할 때 윤리를 적용하는 과정은 집과 일터와 그 사이의 모든 장소에서 동일해야 한다. 선과 마찬가지로 윤리 역시 적용되는 시간이 별도로 정해진 것이 아니다. 개인적 행동과 직업적 행동에 대한 동일한 윤리원칙을 적용하는 것이 각기 다른 원칙을 적용하는 것보다 훨씬 쉽다.

보통 상사는 직업상 각자 맡은 역할에 따라 한 가지의 윤리적 기준을 여러 차례 언급할 것이다. 상사, 동료 혹은 부하직원과 같은 직업상의 역할에서 윤리 행동에는 다음과 같은 것이 포함된다.

- 객관성과 공명정대함
- 성실성과 투명성
- 사생활과 자유 재량권
- 책임감과 의무감
- 이해관계 대립의 기피

가족 구성원 혹은 친구와 같은 개인적인 역할에서 윤리적 행동에는 다음과 같은 것들이 포함된다.

- 다른 사람의 복지에 대한 염려
- 다른 사람의 개인주의 존중
- 신뢰와 정직
- 부정한 이익 취하지 않기
- 친절, 관대함 그리고 올바른 행동하기
- 손해 예방하기

윤리적으로 세일즈맨을 관리하라

간부의 중요한 의무는 동기를 부여하고 지도자로서 조언하는 일이다. 관리가 잘 된 팀은 일을 잘 하며, 팀원들은 일을 달성하는 방법에 만족해한다. 관리가 엉망인 팀은 일은 열심히 하겠지만 장기적으로는 실패하며, 자신들이 더 잘 할 수 있었다는 것을 알게 된다.

본보기를 보임으로써 윤리적으로 관리하려면 팀원들이 수용 가능한 것이 무엇이며, 원하는 것이 무엇인지 또 기대되는 행동이 무엇인지를 이해할 수 있는 효율적 의사소통이 필요하다. 의사소통은 경영자와 세일즈맨 사이에 소통되는 쌍방 노선의 길이다. 그 중에서 어느 한쪽 방향이 막히면 세일즈 경영 성과는 낮을 것이고 조직 내의 인간관계 역시 어려움에 처하게 될 것이다.

세일즈에서 윤리적 행동을 편리하게 해석하려는 유혹은 곳곳에 도사린다.

- 이윤의 극대화
- 비용절감
- 시장 점유율 확장
- 단기 경영성과 보고하기

윤리적 세일즈에 관한 확고한 입장을 세우고 제시하고 유지하는 간부들은 이런 유혹을 극복해야 한다. 중역 간부들은 적절한 행동규범을 제일 먼저 보여주는—강요는 제일 나중에 하는—사람이 되어야 한다. 필요할 경우 강요는 하급 간부가 주도하는 것이 바람직하다.

간부에게 가장 어려운 결정은 행동방향이 두 개로 나뉘어 있고, 두 가지 모두 윤리적 입장을 취하면서 해답이 분명하지 않을 때다. 이런 어려움을 떠맡는 능력이야말로 훌륭한 매니저의 특징이다. 때때로 훌륭한 매니저일지라도 윤리적으로 행동하지 못할 때가 있다. 그것이 인간의 본성이다. 실수를 통해 배우는 것은 발전을 이룩하는 방법이다.

현대의 세일즈기업과 일반적인 모든 기업을 보면 지난 100년 동안 만들어진 조직 차원에서의 행동윤리 규범이 개선되었다. 100년 전, 어린이들은 어린 나이에 장시간의 노동을 강요받았다. 동종 업계에서는 가격고정이 일반적이었다. 피고용인은 권리란 것을 거의 갖지 못했으며 불규칙적 이유로 해고되었다. 경영자는 피고용인을 마음대로 협박하고 괴롭혔다.

법을 지키는 것이 의사결정의 최소 공통분모로 사용된다면 윤리적 행동이라고 할 수 없다. 비록 조직의 윤리에 대한 원칙을 적소에 두는 것이 법적 이익을 가져다주긴 하지만 말이다. 행동윤리 규범이 있는 조직은 종업원이 비윤리적 행동 때문에 범죄나 민사사고를 일으키더라도 위험을 덜 감수한다. 심지어 미연방법원 판결지침은 기업이 이런 행동규범을 정하고 시행했음에도 종업원의 위반사항이 발생했을 경우에는 벌금이 경감된다고 명시한다. 법과 공공 이미지 혹은 그 밖의 다른 이유를 떠나서, 윤리적으로 관리하는 것이 관리의 정도正道다.

신뢰할 수 있는 경영진은?

세일즈 조직 내의 신뢰 수준은 회사가 고객에게 요청하는 신뢰 수준을 반영한다. 고객에게 제품을 완벽하게 신뢰하도록 하고 싶다면 내부 팀들 역시 서로 완벽하게 신뢰해야 한다. 이

것이 내부 진행과정을 이끄는 매니저가 할 일이다.

세일즈 조직에서의 신뢰는 관련된 모든 실체들끼리 서로 오고간다. 세일즈맨, 고객, 동료, 매니저 및 부하직원이 그 실체다. 신뢰란 당신이 개인적인 정보나 기밀에 속하는 정보를 노출하는 사람, 혹은 당신이 신뢰하는 사람이 책임감 있게 일을 처리하며 당신에게 육체적, 감정적 혹은 재정적으로 해를 끼치지 않는다고 믿는 일이기도 하다.

서로 신뢰하는—또 서로 의존하는—세일즈팀을 운영하는 사람은 이런 책임감을 진지하게 받아들여야 한다. 신뢰를 한번 쌓는 데는 시간이 걸린다. 그리고 일단 쌓고 나면, 조심스럽게 유지해야 한다. 신뢰는 깨지기 쉬운 것이다. 한번 깨져 다시 회복한 신뢰는 결코 원래의 신뢰만큼 튼튼하지 않다.

2003년에 《하버드 비즈니스 리뷰 *The Harvard Business Review*》에 실린 한 기사는 이렇게 지적했다.

연구원들은 신뢰가 조직의 능률에 매우 중요하다는 사실을 확증했다. 그렇지만 스스로 믿을 만한 사람이 된다고 해서 한 조직 내에서 반드시 신뢰를 구축할 수 있다는 말은 아니다. 조직 내에서 신뢰를 얻으려면 일관성, 명확한 의사소통, 어려운 문제를 해결하려는 의지 등과 같은 보수적인 경영의 미덕을 보여야 한다. 또한 훌륭한 방어도 필요하다. 신뢰를 파괴하는 적으로부터 신뢰를 보호해야 한다. 부도덕한 경영행위는 신뢰를 좀먹는다. *신뢰의 가장 일반적인 공공의 적은 다음과 같다.*

- 고위 경영진의 변덕스러운 메시지
- 일관성 없는 기준
- 무능력이나 부정한 행동을 견디려는 의지
- 솔직하지 않은 피드백
- 다른 사람들이 일을 잘 한다는 신뢰의 결여
- 힘들거나 행정적으로 힘겨운 상황을 무시하는 경향
- 지속적으로 나쁜 성과
- 소문

신뢰의 증가는 위험과 불확실성의 감소를 의미하며, 이는 결국 세일즈팀이 원활하게 활동할 수 있는 원동력이 된다. 팀 안에서 관계가 형성되고 강화되며, 팀원들은 이런 관계를 소중하게 여기면서 이를 보존하기 위해 필요한 노력을 게을리 하지 않는다.

매니저는 핵심적인 세일즈팀에 직접 소속되지 않았더라도 경우에 따라 세일즈에 개입하는 지원인력이나 보조인력에게도 똑같이 높은 기준을 적용해야 한다. 이런 지원인력에는 발송과 지원, 유지와 광고 및 법조 부서에서 일하는 직원들이 포함된다.

신뢰기준이 높은 조직을 운영하다 보면 내적 유연성과 창의력의 수준이 높아진다. 끊임없이 감시하지 않아도 업무를 위임받은 사람은 최선의 방법으로 그 업무를 달성할 수 있다. 또 팀이 신뢰를 공유하기 때문에 절대 결과를 의심하지 않는다.

다음과 같은 세 가지 질문을 통해 신뢰도를 테스트해보라.

- 의사소통이 확실한가?
- 행동에 일관성이 있는가?
- 결과가 매력적인가?

분명하게 의사소통하라

훌륭한 매니저는 의사소통을 효과적으로 한다. 효과적이고 정확하다고 해서 유연하지 않다는 의미는 아니다. 다만 말과 글로 하는 의사소통 모두를 명확하고 간결하게 한다는 의미다. 이렇게 정확한 의사소통을 받아들이는 부하직원은 상사가 능률적이라는 것을 감지하고—메시지의 내용에 상관없이—결국 피고용인도 그런 식으로 행동하게 된다.

의사소통을 할 때는 부하직원의 입장이 되어라. 자신은 가급적 제외하고 부하직원의 역할과 목표를 바탕으로 그들이 공감하는 메시지를 만들어라. 의사소통을 하는 동안, 당신의 메시지가 어떻게 받아들여질 것인지를 생각하라. 다섯 명의 직원은 똑같은 메시지를 다섯 가지 방식으로 각기 다르게 받아들일 것이다. 그러므로 피드백과 토론을 기분 좋게 받아들이고 이를 미리 준비해야 한다. 상사의 입장에서는 협상이 가능하지 않은 명령을 전달해야 할 때가 가끔 있다. 그러나 확고하다고 해서 대화의 여지가 없는 것은 아니다.

직원의 시간을 존중하고, 직원을 호출해놓고 기다리게 하지 말라. 매니저에게 시간은 가장 큰 제약이지만, 그것은 세일즈맨에게도 마찬가지다. 그들이 당신 사무실 밖에서 기다리는 동안 당신이 그들의 시간을 허비한다면, 당신의 시간이 그들의 시간보다 더 귀중하다는 메시지를 전달하는 것이나 다름없다. 이런 태도는 거만하고 무례해 보인다.

자기훈련 18

세일즈맨이 더 인정해주고 더 알았으면 하는 매니저의 의무를 적어보라.

-
-
-
-
-

권한을 위임하라

권한을 위임하지 않고 세일즈맨을 지휘하는 매니저는 비효율적으로 관리하는 것이며, 일부러 더 힘들게 일하고 있는 것이다. 세일즈맨에게 권한을 위임하는 것은 자신감을 주고, 자질을 개발시키며, 스스로 동기를 부여하는 방법을 가르쳐주는 것과 같다.

권한을 위임하는 것이 항상 쉽지는 않다. 세일즈 매니저는 먼저 세일즈맨이 스스로 열의를 끌어내는 것이 바람직하다는 것을 느낄 수 있게 해주어야 한다. 동기부여는 스스로 받을 수도 있고 외부로부터 받을 수도 있지만, 가장 성공적인 세일즈맨은 스스로 동기를 부여하는 사람이다.

세일즈맨은 다양한 사람이 모인 그룹이며, 사람마다 동기부여를 받는 이유도 각기 다르다. 동기부여란 긍정적일 수도(보상에 기반을 둔), 부정적일 수도(두려움에 기반을 둔) 있다. 수십 년 간의 연구를 통해 긍정적 동기부여가 가장 바람직하다는 결론이 나왔다. 격언으로 무장한 철권을 휘두르는 것은 두려움과 불안감으로 가득 찬 환경을 선호하는 매니저에게나 적합할 뿐이다.

아직도 고압적인 영업관리 기술을 부추기거나 요구하는 기업문화가 남아 있다. 능률적이고 윤리적인 매니저는 이런 조직을 떠나거나 직원을 보호하고 신뢰하는 관계를 구축한다.

위협적인 관리는 군대 신병훈련소에 가장 적합하며, 그곳에서의 목표는 새로운 사고방식에 맞게 준비하는 과정에서 개성을 말살하는 것이다. 그렇지만 군대에서조차도 이런 경영 스타일은 신병훈련 시에나 가능하다.

위압적이고 부정적인 관리를 멀리하라고 해서 유토피아적이고 사탕발림식 스타일이 되라는 말은 아니다. 세일즈맨이 세일즈 과정에서 중요한 단계를 밟고 있다는 것을 인정하는 것이 권한을 위임하는 긍정적 관리다. 예를 들면 이런 단계다.

- 약속을 받아내야 하는 고객확보 단계를 위한 생산적인 전화 통화
- 거래를 향해 무르익어 가는 고객과의 미팅
- 거래를 위태롭게 하는 경쟁사의 협박 극복하기
- 거래 성사하기

만약 한 세일즈맨이 아직 마감하지 않은 중요한 거래를 놓고 열심히 일하고 있다면, "그 거래를 반드시 성사해서 건수를 올려야 하네"라고 말하고 싶은 유혹을 억제하라. 세일즈맨은 각 거래가 얼마나 중요한지 그 누구보다 잘 안다. 과잉압박은 오히려 역효과가 난다. 그런 말 대신 "자네가 이 일을 위해 열심히 일해줘서 정말 고맙네. 계속 수고하게"라고 말해보라. 이 메시지에는 숨어 있는 의미도, 의제도 없다. 다만 세일즈맨이

두려움 없이 정신을 집중하고 생산적으로 일할 수 있도록 격려할 뿐이다. 그 영업이 진전될 수 있도록 당신의 시간과 아이디어를 제공하는 것으로 후속조치를 취하라.

정력적인 판촉전화로 분위기를 반전시키고 있거나, 중요한 고객과 함께 점심식사를 계획하는 직원을 발견했을 때도 이와 같은 감사표현법이 바람직하다. "수고가 많습니다"라는 말은 세일즈맨에게 인정과 존중을 받고 있다는 느낌을 주는 데 효과적이다. 그렇다고 등을 두드리는 것은 금물이다. 그것은 왠지 깔보는 느낌을 준다.

우수한 행동에는 우수한 종류대로 세일즈맨에게 보상하라. 단지 "굉장한데"라는 칭찬은 사소한 일에는 문제가 없지만, 끝까지 고객을 도와주었기 때문에 고객의 칭찬을 받은 세일즈맨에게 상품권을 주는 것도 좋은 방법이다. 자신감을 불어넣는 또 다른 보상으로 매달 혹은 분기별로 최우수 사원에게 트로피나 명판을 주거나, 판매왕에게 연말에 휴가여행을 보내주는 것도 고려해볼 만하다.

간혹 눈에 보이지 않는 보상이 눈에 보이는 보상보다 더 효과적일 때가 있다. 세일즈맨이 주로 돈에 동기부여를 받는다는 것은 틀에 박힌 생각이다. 많은 세일즈맨이 인정받는 것을 가장 명예롭게 생각한다. 동료들 앞에서 인정받는 것은 기분 좋은 일이다. 팀회의나 전화회의를 할 때마다 베스트 세일즈맨을 지적하는 것은 어떨까. 최고경영진이 이미 개인별 업무

달성을 파악하고 있다는 것을 그 세일즈맨이 눈치 채게 하라. 많은 세일즈맨은 그런 간부의 인정을 상품권보다 훨씬 더 소중하게 여긴다.

우수함에 대한 보상은 세일즈맨 사이에 내부적인 경쟁심리—그리고 공격적인 행동—를 유발한다. 약간의 경쟁은 항상 유익하지만, 개개인이 자신의 능력을 최대한 발휘하는 것에 초점을 맞추어야지, 다른 사람을 딛고 넘어서는 것에 초점을 맞추어서는 안 된다. 내부의 지나친 경쟁심리를 막으려면 각 세일즈맨에게 진정으로 동기를 부여하는 것이 무엇인지를 발견해야 한다. 팀원의 동기부여 요인을 외우거나 적어두어라. 그런 다음 각 구성원이 개인의 목표를 달성할 수 있도록 도와라.

분명한 목표를 가지고 있는 세일즈맨은 '자기만의 마음속 당근'을 가지고 다닌다. 이 당근은 목표를 달성하는 데 도움이 되지 않는 활동을 구분하여 그런 활동을 쉽게 배제하게 한다. 결국 세일즈맨이 자립적 사고를 기를 수 있게 하는 것이 궁극적인 권한위임이다.

유능한 세일즈맨을 고르는 법

유능하고 경쟁력 있는 세일즈맨을 고용하는 일은 세일즈 매니저에겐 언제나 일종의 도전이다. 새로 고용한 사람과 기존 팀원—혹은 기업문화—간의 융화가 간과될 때가 종종 있다. 한 회사에서 최고 세일즈맨이라고 해서 다른 회사에서도 최고란 법은 없다. 결원을 충원하기 전에 가급적 많은 지원자들과 이야기를 나누고 인터뷰하라. 골치 아픈 일일수록 한시라도 빨리 끝내고 싶겠지만, 사람을 채용하는 일에서는 지름길을 선택하지 말라.

적합한 지원자를 고용하는 가장 빠른 길은 신용조회를 해보는 것이다. 현재 고용주에게 불만이 있어서 적극적으로 다른 일자리를 구하는 사람이 가장 이상적이다. 헤드헌팅 회사에서 도움을 받을 수도 있다. 불만족이 어디서 오는지 그 이유를 찾아내라. 다른 출처에서 입수한 정보를 검증하라. 경쟁사에 있던 골치 아픈 세일즈맨을 고용한다면 그 회사만 유리하게 할 뿐이다.

적성은 세일즈 과정뿐만 아니라 신입사원을 고용하는 과정에서도 매우 중요하다. 만약 누군가가 그 자리에 적임자로 보이지 않는다면 계속 지켜보라. 적임자가 아닌 사람을 앉혀놓으면 부정적인 파문이 일고, 결국은 수입이나 세일즈팀, 고객, 더 나아가 당신의 자리까지도 타격을 입게 된다.

세일즈맨을 뽑을 때 응용할 수 있는 업계경험과 기술 외에도 다음과 같은 자질을 확인하라.

- 훌륭한 의사소통 기술과 새로운 환경에서 일을 잘 할 수 있는 능력
- 자신의 동기부여 능력과 주도적인 능력, 높은 수준의 청렴함과 윤리성
- 다른 사람을 이끌고 동기부여하는 능력
- 변화에 적응하는 능력

최종 결정은 인사담당자가 내리겠지만 적어도 한두 명의 기존 팀원이 지원자와 면담하게 하라. 인사담당자가 면담하는 날에 같이 하는 것이 가장 이상적이다. 그 이유는 두 가지다.

- 지원자의 능력에 대한 다양한 관점을 수집하면 더 명확한 그림을 그릴 수 있어 그 지원자가 떠난 다음 내부적으로 토의할 수 있다.
- 지원자는 지원자대로 자신이 일하게 될 환경—그리고 같이 일하게 될 사람들—을 접한 다음 수준을 평가할 수 있다.

지원자의 이력서가 정확한지 체크하라. 학력은 학교에 연락하면 간단하게 확인할 수 있으며 졸업상태와 날짜를 검증하는

것도 간단하다. 학력의 허위기재는 이력서의 나머지 내용도 허위라는 것을 의미한다. 경력도 확인해봐야 하지만 이전의 고용주들은 고용한 날짜 이상의 것은 공개를 꺼려한다. 이력서에 소개된 관련 부서에 전화를 걸어볼 필요가 있다. 하고 나면 잘했다는 생각이 들 것이다.

면접을 할 때는 개인적 목표와 가장 성공적인 세일즈와 세일즈의 성공신화와 실패신화에 관한 스토리, 직장을 옮기는 이유 등에 관해 철저하고 명확하게 물어보라. 대화 도중 농담과 여담을 하게 만들어라. 가능하면 많은 정보를 캐내라. 면접이 끝난 후 추가질문을 하고자 한다면 지원자에게 전화로 물어보라.

일단 이상적인 지원자를 고용한 후에는 오리엔테이션 과정이 중요하다. 기존의 직원들—선배가 바람직하다—과 함께 연합하여 훈련할 때는 매니저와 세일즈맨의 일대일 집중적인 훈련이 중요하다. 신입 세일즈맨이 회사에서 각기 다른 얼굴

**자기
훈련 19**

세일즈맨을 관리하는 것에 관해 들은 최고의 조언을 열거하라.

- ●
- ●
- ●
- ●
- ●

과 영업 스타일을 볼 수 있게 하라. 이를 통해 자신의 독특한 개성을 확실히 알 수 있다. 이제 신입 세일즈맨은 고객확보 활동을 개시하고 고객과의 관계를 형성할 준비가 된 것이다.

매니저와 세일즈맨 사이에 우정이 존재하는가?

매니저와 특정 세일즈맨 사이에 우정이 싹틀 때도 있다. 어떤 경우든 분명한 것은 이 관계에도 권력의 차이가 존재한다는 사실이다. 우정이 발전할수록 이따금 매니저는 해고를 포함하여 직원에 관해 힘겨운 결정을 내려야 할 의무가 있다는 것을 쌍방 모두 깨달아야 한다.

매니저에게 부하직원과의 우정은 만족한 것일 수도 있지만, 일과 관련된 의견충돌은 이따금 이런 관계에 금이 가게 만든다. 반대로 우정 때문에 부하직원을 적절하게 관리하지 않는 것 역시 해롭다. 쌍방이 서로의 역할을 분명하게 이해한다면 오해와 상처는 없을 것이다.

세일즈맨도 재미를 느끼고 싶어한다

가능하면 최대한 일을 재미있게 만들어라. 그러면 더 행복하고 더 생산적인 세일즈맨을 보게 될 것이다. 주5일 근무처럼 세일즈가 아닌 많은 분야에서 누리는 혜택이 이 분야에는 잘 적용되지 않는다. 세일즈맨은 언제든지 고객과 접촉할 수 있도록 대기하고 있어야 한다. 주말에도 고객을 상대한다면 주7일 근무가 될 수도 있다.

세일즈맨에게 부담으로 다가오는 것 중 하나가 바로 옷차림이다. 세일즈맨은 고객과 직접 만날 때 회사의 전형적인 복장을 준수해야 한다. 고객은 가볍고 부담 없는 금요일은 인정하면서도 자신이 만나는 세일즈맨에게는 여전히 특정한 옷차림을 기대한다.

스트레스를 경감하기 위해 회사 내부나 외부에 스포츠센터나 휴식공간을 마련하는 것은 어떨까? 소규모 회사인 경우 동네 스포츠센터 회원권을 주는 것도 좋다. 그렇게 되면 세일즈맨이 그 지역을 벗어나지 않고 운동할 수 있으며, 아침과 저녁의 러시아워를 피할 수도 있다. 그것도 여의치 않다면 사무실의 냉장고 안에 공짜 음료수를 채워 넣고 그 옆에 건강에 좋은 먹거리를 담은 쟁반을 마련해보라.

어린 자녀를 둔 세일즈맨을 위한 유연한 근무체제도 직원을 배려하는 훌륭한 시스템이다. 텔레커뮤니케이션과 재택근무가 가능하다면 지침을 정하고 결과를 모니터하라.

일을 기분 좋게 할 수 있는 훌륭한 방법은 매달 세일즈맨을 위한 재미있는 이벤트를 마련하고 필요한 것을 지원하는 것이다. 볼링은 언제나 한바탕 웃고 떠들 수 있는 좋은 게임이다. 단체로 게임을 즐기는 것도 건전한 경쟁심을 갖게 해준다. 이런 단합대회에서는 음주량을 제한하라. 한두 잔이면 족하지만 음주운전 사고라도 난다면 무제한으로 술을 권한 매니저와 그 동석자들에게도 부분적인 책임이 돌아갈 것이다.

이런 행사를 하는 동안 웃고 떠드는 세일즈맨들은 그 다음 날 개별적으로나 팀원으로서 일을 더 잘 하게 된다. 팀의 사기와 단결심을 진작하는 것은 무엇이든 좋은 투자다.

시간을 관리하도록 교육하라

시간관리는 특히 세일즈 매니저가 직원들을 긍정적으로 훈련시킬 수 있는 중요한 분야다.

회사의 평균을 적용하자면, 5만 달러짜리 제품을 팔고자 하는 세일즈맨이 판촉전화를 열 통 했을 경우 약속을 받아낼 확률은 겨우 10%에 불과하다. 또한 네 건의 약속에서 잠재적 세일즈로 연결될 확률은 단 한 건뿐이며, 네 건의 잠재적 세일즈 중에서는 단 한 건만이 실제 세일즈로 연결된다.

결론은 이렇다. 1년의 목표액을 200만 달러로 배정한 어느 기업의 경우, 세일즈맨은 매년 640건의 약속을 확보해야 하며, 이 중에서 160건의 잠재적인 세일즈를 끌어내야 한다. 그래야 최종 40건의 세일즈가 성사되는 것이다. 이는 하루에 세 건의 약속을 의미하며, 이 외에 전화로 신규 판촉하는 시간, 기존의 고객을 관리하는 시간, 영업회의에 참석할 시간, 교육과 그 밖의 사내활동에 참여할 시간을 확보해야 한다.

소중한 시간은 고객과의 약속에 할애해야 한다. 어윈 맥그로힐 Irwin McGraw-Hill 의 연구에 의하면, 세일즈맨이 고객을 직접 만나 제품을 판매하는 데 사용하는 시간은 주 노동시간 중에 30%에 불과하다. 판촉전화, 기다리거나 이동하기, 행정적 업무가 각각 25%, 18%, 15%를 차지한다. 결국 하루 8시간 중에 실제로 고객을 만나는 시간은 2시간 30분에 불과하다.

매니저는 세일즈맨을 이렇게 훈련해야 한다.

자기 훈련 20

영업경력에 도움을 주어 고맙다고 인사한 현재 혹은 과거의 부하직원을 적어보라.

-
-
-
-
-

- 거래로 이어질 가능성이 높은 잠재고객과 가능성이 낮은 잠재고객 구분하기
- 잠재적인 이의 제기를 예상하고 답변 준비하기
- 최초의 대화에서 정식 프레젠테이션으로 즉각 이동하기
- 소모적 투자를 배제하기 위해 기존의 툴 사용하기
- 고객을 대하는 시간은 극대화하고 행정업무는 극소화하기

자기 이익에만 급급한 세일즈맨 관리법

어떤 세일즈맨은 극단적인 자기 생각에 몰두한 나머지 자존심에 상처를 받는다. 세일즈맨의 역할이란 제품을 판매하고 수익을 내는 것이다. 불행하게도 대화의 주된 메시지가 "제가 뭘 도와드릴까요?"와는 정반대인, "저한테 돌아오는 게 뭐죠?" 일 때, 고객은 상대의 말에 조금도 귀를 기울이지 않는다.

자기 이익에만 급급한 세일즈맨은 무례하고 성급하다. 그 밖에 다음과 같은 특징이 있다.

- 자기 말만 하려 하고, 남의 말을 듣는 것은 싫어한다.
- 약속시간에 종종 늦게 나타나고, 늦은 것에 대해서도 뻔뻔하게 웃으며 넘어간다.
- 다른 사람이 늦게 오거나 실수를 하면 싫은 내색을 한다.

- 자기 논리와 생각은 완벽하다고 생각하면서 남의 논리와 생각은 불완전하다고 생각한다.

자기 이익에만 눈이 어둔 세일즈맨은 이따금 대단히 활동적이며 적극적인 사람으로 오해받을 때도 있다. 나서기 좋아하고 모든 것을 다 아는 것처럼 보이기 때문이다.

이런 사람들은 처음에는 거만함을 숨길 수도 있을 것이다. 그러나 그가 말할 차례가 오기만을 조급하게 기다리면서 상대의 말은 듣지도 않는다는 것을 고객이 눈치 챌 때, 그 고객 역시 흥미를 잃을 것이다. 고객과의 대화에 실패한 이기적인 세일즈맨은 나중에 그 고객을 머리가 나쁘거나 자질이 없는 사람이라고 헐뜯는다.

자기 이익만 추구하는 세일즈맨은 이끌어주고 관리하기가 힘들다. 전체적인 비판과 교정을 하기 전에 먼저 지도하고 교육하라. 먼저 그 사람과 대화하라. 이때는 부드럽지만 효율적인 자세로 메시지를 전달하라. 대화를 하기 전에 어떤 전략을 쓸 것인지 생각하라. 적극적으로 듣는 기술을 보여준다면 더없이 좋은 훈련이 될 것이다.

다른 사람이 들으면 기분이 상할 수도 있으니 대화는 두 사람만 하는 것이 좋다. 어휘를 신중하게 선택하라. 사람이 아닌 일에 대해서만 이야기하라. 잘못하고 있는 것에 초점을 맞추지 말고 동기를 부여하는 일들을 어떻게 해낼 것인지 그 방법에 집중하라.

권위적인 말투는 피하고 간접적으로 넌지시 비추어라. 가령, "고객이 하는 말을 한마디도 놓치지 않고 들어야 일이 쉽게 성사된다는 걸 경험을 통해 알았지요"라는 식이다.

그 세일즈맨이 자신의 목표를 의논하게 만들어라. 그런 다음 그 목표와 당신의 제안을 연결하라. 이런 대화에서 그 세일즈맨이 어떤 방식으로 성공하고 싶은지를 스스로 설명하게 한다면 가장 좋다. 세일즈맨의 입에서 직접 나온 말이 가장 효과가 크다. 사기가 충만한 상태에서 대화를 끝마친 다음 등을 두드리고 미소를 지으며 격려하라. 그러나 부드러운 대화가 먹히지 않는다면, 더 강경한 대책을 취해야 한다.

제대로 지도하고 교정하고 비판하는 법

세일즈팀을 관리하는 일은 스포츠팀을 지도하는 것과 비슷하다. 팀이 경기에서 이기면 승리에 기여한 선수들은 보상받을 수 있으며 또 보상받아야 한다. 경기에서 지면 매니저나 코치는 비난받을 수 있으며 또 비판받아야 한다. 겸손은 윤리적이고 효율적인 관리에서 중요한 부분을 차지한다.

세일즈 매니저의 중요한 책임은 경영진이 설정한 구체적 목표를 달성할 개개인을 고용하고 훈련시키고 발전시키는 일이

다. 발전에는 도구와 자원을 제공하는 일도 포함된다. 또 개개
인의 행동을 지도하고 교정하며 비판하는 일도 포함된다. 이런
상담역할은 세일즈 매니저의 가장 어려운 측면이기도 하다.

모든 세일즈맨을 비판하고 교정하는 최선의 방법은 하나가
아니다. 열 명의 세일즈맨이 속한 팀을 이끄는 매니저는 열 가
지 각기 다른 방법으로 조언하고 상담해야 한다.

비판은 마음의 상처를 줄 때가 많기 때문에 어떤 감정이든
받아들일 마음의 준비를 하라. 세일즈맨이 화를 내고, 자신을
정당화하고, 남을 탓하고, 실망하고, 좌절하고, 속내를 드러내
는 것을 지켜봐야 한다. 하는 말에 귀를 기울이고 적절하게 맞
장구를 쳐주어라. 하지만 대화를 끝낼 때는 측정 가능한 분명
한 기대치를 말해야 한다.

세일즈맨에게는 성공할 수 있는 모든 기회가 주어져야 한
다. 일을 마무리하기 전에 분명하고 반복적으로 일의 기대감
과 목표를 자세하게 설명하라. 비판과 교정이 질책과 경고로
이어질 때는 매니저와 세일즈맨의 회의결과를 정확하게 기록
해야 한다. 그리고 각 단계가 끝날 때마다 회사의 인력 담당
부서와 상의하라.

때로는 세일즈맨의 고용계약을 종료하는 것 외에 다른 선택
의 여지가 없을 때가 있다. 이런 때는 위엄 있게 일을 처리하
라. 해고는 짧고 공식적으로 하되 "당신도 알다시피, 나도 옛
날에 해고된 것이 있었는데……" 등의 쓸데없는 코멘트는 달

지 않는다. 해고된 직원은 감정적으로 혼란을 겪을 것이며 값싼 동정에 신경 쓸 여유가 없다. 모든 서류에 서명했는지 확인하고 당신이 한 말—해고 후의 신원보증 및 지원에 대한 약속을 포함하여—이 회사의 법률정책에 위배되는 것은 아닌지 확인하라.

그러고 나서 빈자리를 서둘러 채우지 말라. 시간을 갖고 실패의 원인을 돌아다보라. 해고된 직원이 아니라 당신 자신을 돌아보라. 다음 고용을 하기 전에 먼저 당신의 관점과 목표를 조정하라.

해고는 매니저에게 나쁜 영향을 미칠 수도 있다. 해고된 세일즈맨이 초기에는 사람과의 관계 외에도 업계지식이나 제품지식 및 지리적이고 경쟁적인 지식과 같은 분야에서 적격자였다면, 다시 말해 적절한 고용이었다면, 해고는 아래 두 가지 결과 중 하나일 확률이 크다.

- 매니저의 영향 밖에 있는 세일즈맨의 개인적인 상황의 변화
- 세일즈 매니저에 의한 적절한 동기부여와 지도의 부족

누군가를 비난만 할 것이 아니라 먼저 세일즈 매니저와 직원 모두에게 중요한 것은 해고의 원인을 객관적으로 검토하는 일이다. 이런 부정적인 경험을 통해 쌍방 모두 중요한 것을 배울 수 있다.

무릇 초심을 잃지 말라

실험을 하는 과학자들은 기대했든 안 했든 가능한 모든 결과를 편견 없이 받아들인다. 뜻하지 않은 결과가 나오면 고무적이다. 선—인간의 마음에 관한 휴먼 사이언스—도 이와 비슷한 관점으로 삶에 접근한다. 부지不知와 초심은 하루 동안 일어나는 모든 사건을 발전을 위한 기회로 받아들인다. 그러기 위해서는 모든 사건에 지레짐작으로 반응하려는 충동을 억제해야 한다.

매니저에게 부지는 불안한 일이 아닐 수 없다. 부지란 선입견을 던져 버리고 경험, 특히 몇 년 동안 똑같은 방식으로 반응했던 익숙해 보이는 경험도 신선하게 받아들이는 자세를 의미한다.

사건과 부지한 사람들과 당신 자신을 바라보면서 선입견 없이 해결방안을 떠올려보라. 부지한 마음을 개발하는 방법에는 당신 안에 있는 전문가를 내보내고, 초보자의 활짝 열린 눈을 통해 모든 것을 보는 일이 포함된다.

매니저는 동정적 선심으로 자신의 관심이 아니라 세일즈맨의 최대 관심사에 초점을 기울이고, 그렇게 해서 알게 된 지식을 활용하여 용기를 북돋고 권한을 위임해야 한다. 자신의 가치를 분명하게 알고 있는 매니저는 다른 사람들이 중요하게 여기는 가치도 잘 이해한다.

비록 다른 사람들을 관리해야 하는 책임감과 압박감을 불평하는 매니저도 있지만, 사람들이 모인 집단을 응집력이 강하고 동기부여가 충만한 성공적인 집단으로 발전시키는 일은 엄청난 보상을 가져다준다.

사람들은 자신을 이끌고 관리했던 사람을 오래 기억한다. 비능률적인 매니저가 끼친 부정적인 영향은 영원히 사라지지 않을 것이다. 하지만 능률적이고 윤리적인 매니저는 평생 좋은 이미지로 남는다. 이렇게 배운 교훈은 부하직원을 잘 관리했을 때 얼마나 긍정적인 영향을 미치는가를 보여주는 훌륭한 본보기로 계속 전달될 것이다.

제10장

—

성공적인 세일즈를 위한
23가지 조언

세일즈맨을 위한 적극적 명상법

적극적 명상이란 특정 활동을 하는 동안 현재의 순간에 집중하는 마음챙김 가부좌 명상을 적용하는 것을 말한다. 이런 명상을 위한 활동은 간단하고 반복적이며, 다른 사람들과의 상호작용을 필요로 하지 않아야 한다. 운전하거나 고객에게 프레젠테이션을 하거나 동료들과 회의하거나 영업전망 계획을 세우는 것과 같은 복잡한 일을 하면서는 적극적 명상에 집중할 수가 없다.

선 수도원에서는 수도승에게 설거지를 하거나 정원을 가꾸거나 식사를 하는 동안 적극적 명상을 하라고 권한다. 수도원에서는 대부분 다른 수도승이 옆에 있을지라도 서로 이야기하지 않고 일을 한다.

아래의 활동은 적극적 명상과 병행하여 건강한 몸과 마음을 키울 수 있는 활동이다.

- 요가
- 스트레칭

- 걷기나 달리기
- 러닝머신, 스텝머신, 로잉머신에서 운동하기
- 리프팅 웨이트(가벼운 기구보다 무거운 기구를 들어 올릴 때 조심하라)
- 수영
- 인라인 스케이트

  마라톤 선수들은 마라톤의 마지막을 향해 갈 때 그 순간에 깊이 몰입하고 열정을 느껴 눈물이 나온다고 한다. 경주에서 그들이 겪는 육체와 정신의 긴장이 서서히 사라지면서 놀라울 정도로 마음이 맑아진다는 것이다. 어떤 선수들은 이런 느낌을 명상의 궁극적 형태라고 설명한다. 이 단계에서는 고조된 의식 상태와 어렴풋한 해탈의 경지에 도달한다.
  적극적 명상에는 몇 가지 단계가 있다.

- 몸─손, 발, 팔, 다리─을 당신이 수행하고 있는 업무의 일부분으로 완벽하게 인식해야 한다.

- 당신이 사용하고 있는 도구, 만지고 있는 것들과 물리적으로 깊은 결합이 이루어져야 한다.
  - 행주와 접시
  - 장갑과 정원용 갈퀴

- 아령
- 구두 혹은 스케이트
- 도로 표면 혹은 러닝머신

● 당신이 수행하고 있는 일의 리듬이나 타이밍을 발견하라.
  - 호흡을 세거나 호흡에 따라 움직여라(가부좌 명상과 비슷하다).
  - 발걸음을 세거나 느껴보라.
  - 반복해서 세라.

● 주의 산만이나 다른 생각들이 사라지는 것을 느끼고, 대신 완전한 자신감과 이완 상태에 빠져보라.

때때로 쉬면서 호흡을 가다듬거나 주변을 돌아보며 주위에 있는 사람들을 바라보는 것은 전혀 문제가 되지 않는다. 그렇지만 이 활동이 완전히 끝나기 전까지는 다른 사람과 이야기하지 말라. 비명상적인 생각에 빠져 사람들과 이야기를 주고받는 것은 적극적 명상에 역효과를 준다. 어떤 사람들은 일하는 도중 명상에 너무 집중한 나머지 알람시계를 맞춰놓아야만 명상을 중지할 수 있다고 한다. 그것이 바로 몰두다.

이 명상의 목적은 쓸데없이 다른 생각에 사로잡히지 않고 아름답고 효율적인 동작이나 힘들지 않은 동작을 취한 채 자신을 바라보는 것이다. 이런 방식에 경험이 없다고 해서 걱정할 필요는 없다. 그저 순간의 활동을 즐기면 된다.

적극적 명상을 활용하여 설거지하거나 정원을 손질하는 일과 같은 평범한 일을 긴장완화와 자기발전을 위한 훌륭한 기회로 전환하라.

명상의 단순한 보상

사람들은 종종 명상 중 무언가가 일어나길 바란다. 명상을 하면서 무언가를 해야 한다면 호흡과 생각에 주의를 집중하라. 호흡을 세면서 내쉬는 숨의 따스함을 느끼고, 복부가 부풀어 올랐다가 꺼지는 것을 지켜보라. 그리고 아무런 잡념이 들지 않는 신기한 체험을 해보라.

명상은 긴장완화—뇌의 이완을 포함해서—에 초점을 맞추

자기
훈련 21

자신이 마음을 가라앉히는 방법을 열거하라.

- ●
- ●
- ●
- ●
- ●

며 이는 집중을 가능하게 해준다. 차분한 상태에서 한곳에 집중하면, 당신의 진정한 본질을 볼 수 있다. 더 깊은 차원에서 생명을 체험할 때 모든 사람이 똑같은 하늘을 올려다본다는 것을 깨닫게 된다. 유일한 차이점이 있다면 그 하늘에서 무엇을 보고 싶어하느냐다.

명상의 결과는 엄청날 수도 있고 별것 아닐 수도 있다. 두 경우 모두 나름대로 배울 수 있는 기회를 제공한다. 틀에 박힌 명상법에 사로잡혀 있다면 장소를 바꿔보라. 다른 곳에서 다른 시간에 해보라. 지금껏 빈속으로 했다면 식사를 한 후에 해보라. 가부좌로 하면 잘 되지 않는가? 그럼 의자 가장자리에 앉아서 해보라.

명상을 통해 작은 변화와 작은 조절을 추구하라. 언젠가는 직관을 갖게 될 것이며 당신의 영혼이 진동하는 것을 느낄 것이다. 그런 상태에 도달했다면 정말 축하할 일이다. 그렇지 못하다면 점차 발전하고 있는 것이니, 이보다 더 바람직한 일은 없다.

개인적인 명상을 하는 동안, 자기 자신에게 때때로 물어보라. 나에게 중요한 것은 뭐지? 나는 어떤 가치가 있을까? 이 순간 점점 시들해지고 허약해지고 있는 것들이 정말 내가 지금껏 살면서 그토록 힘껏 움켜쥐고 있던 것들인가? 힘껏 쥐었던 것들을 놓으면 어떻게 될까? 지금 나는 달라졌는가? 나는 꼭 가져야 한다고 생각했던 것들을 비웃을 수 있는가? 적어도 미소를 지을 수 있는가? 주기적으로 이런 질문을 하면서 자신이 원하는 것들의 목록을 작성하는 것이 좋다.

신념에 매달리지 않고 모든 것, 모든 사람 그리고 모든 경험을 편견 없이 받아들일 자세가 되었는가? 이 질문에 확고하게 대답할 사람은 거의 없겠지만, 질문은 언제나 존재한다. 질문은 질문하는 사람을 규정한다. 당신만의 유일한 질문을 찾아내는 일은 평생 계속될 것이다.

왜 일하는지 그 이유를 스스로 밝혀라

당신은 세일즈를 직업으로 어떻게 생각하는가? 간혹 세일즈맨이라는 꼬리표에 당황한 적은 없는가? 아니면 그것에 자부심을 느끼는가? 둘 다 조금씩인가? 당신이 하는 일을 명예롭게 생각하는가?

> **자기 훈련 22**
>
> 당신이 매일 세일즈에서 사용하는 자신의 정신적이거나 개인적인 자아의 최고 요소를 적어보라.
>
> ●
> ●
> ●
> ●
> ●

당신이 하는 일을 다른 사람에게 어떻게 설명하는가? 어쩌면 당신은 스스로를 세일즈맨이 아니라 업계의 전문가로 여길지도 모른다. 가령, 신문의 광고 세일즈맨은 자신을 "세일즈 계통에서 일하는"이 아닌, "언론 계통에서 일하는"이라고 소개할 수도 있다.

당신은 아침에 출근준비를 하면서 자신에게 무슨 말을 하는가? 혹시 "오늘도 물건을 팔려고 노력해야 한다"라고 말한다면, '해야 한다'는 가능하면 피해야 하는, 지루한 일, 지겨운일, 아니면 적어도 당신이 제일 먼저 선택하는 일이 아닌 활동을 의미한다는 사실을 명심하라.

당신은 왜 일을 하는가? 무엇을 위해 일하는가? 종종 돈은 가장 주된 이유가 되지만, 당신은 아직도 어느 회사, 어느 분야, 어느 지역, 그리고 누구와 함께 일을 할 것인지에 관한 자유로운 선택권을 가지고 있다. 어쩌면 당신이 현재 있는 곳이 완벽한 곳일 수도 있다. 아니면 다른 곳의 떡이 더 먹음직스럽게 보일지도 모른다. 먼저 그것을 생각하라. 그런 다음 내가일하는 이유를 적어보라. 이것이 당신이 앞서 적어두었던 가치와 이상적으로 맞물릴 것이다. 여기 내가 일을 하는 이유에관한 샘플이 있다.

"나는 하임리히 사에서 세일즈맨으로 일한다. 왜냐하면 그회사가 나에게 충분한 수입과 기계장치 분야에서 높이 평가하

는 전문가적 대우, 경영진으로 승진할 수 있는 기회 그리고 열심히 일해서 더 나은 배우자와 부모가 될 수 있는 수많은 기회를 제공하기 때문이다."

이런 진술은 유연성 있는 사전 확인이 된다. 만족과 행복은 일상적인 행동이 깊고 개인적인 의미를 가질 때 나타나는 감정이다. 당신이 하는 모든 일은 당신의 진정한 가치를 반영한다. 당신에게 일어나는 모든 일―나쁜 일을 포함해서―은 당신의 여정과 인식의 발전에서 필요한 과정이다. 시간이 지나면 내가 일하는 이유를 재검토하고 세밀히 따져보고 다시 써보라.

이런 절차가 없이도 일은 얼마든지 할 수 있다. 많은 사람이 그렇게 한다. 그렇지만 일은 행복을 체험하는 훌륭한 방법이다. 그렇다면 어째서 일을 개인의 성장을 위한 도구로 사용하지 않는가? "난 내 일이 정말 싫어"의 지겨움과 "오늘도 팔아

자기
훈련 23

내가 일을 하는 이유를 적어보라.

-
-
-
-
-

야 하는데"처럼 일에 대한 강박관념적 접근법 사이에서 선심으로 중용을 취하라. 양극단의 중간에 위치한 매력을 느껴보라. 일을 소중한 교훈을 제공하는 스승으로 간주하라.

만약 일을 부정적인 경험으로 간주하면 다음과 같은 일이 벌어진다.

- 모든 일은 해야만 하고, 하고 난 다음에는 잊어버리는 판에 박은 단조로운 허드렛일로 보인다.
- 시계는 일을 마치는 퇴근시간을 향해 천천히 째깍째깍 돌아간다.
- 달력은 주말을 향해 천천히 움직인다.
- 잠재고객, 고객, 동료 그리고 매니저는 괴로움을 주는 자극제로 여긴다.
- 일은 단순히 월급을 받기 위한 수단일 뿐이다.

이런 관점은 만족감과 자기인식을 발전시킬 수 있는 기회를 주지 못한다. 세일즈는 직업이지 인생도, 정체성도 아니다. 다만 당신이 매일매일 많은 시간을 그리고 매년 많은 날을 바치기로 선택한 일이다. 보통 사람들은 깨어 있는 시간의 대부분을 배우자나 자녀와 함께 지내기보다 일터에서 더 많이 보낸다. 당신이 선택한 일을 즐기지 않는다는 것은 불가피하게 "어째서 나는 이 세월을 낭비했는가?"라는 질문으로 이어진다.

당신은 긍정적인 관점을 가질 권리가 있다. 그것을 선택하기만 하면 된다.

실패를 기꺼이 받아들이고 두려움을 진찰하라

대부분의 실패를 들여다보면 교훈이 될 수 있는 약간의 지혜가 들어 있다. 그중에는 훌륭한 교훈도 있다. 영업 건수를 놓치면 몹시 괴롭다. 실패로부터 지혜를 모으려면 먼저 실패를 받아들여야 한다. 그런 후에 상처를 치료해야 한다. 상처가 대충 아물면, 미래에 그와 유사한 일을 겪지 않으려면 어떻게 해야 하는지 생각하라.

실패 없이 발전하고 실패 없이 배우는 사람은 아무도 없다. 매번 넘어지다가 겨우 거실을 가로질러 갈 수 있는 어린아이에서부터 부도가 난 뒤 자신의 회사 이미지와 운영을 재개하

자기
훈련 24

세일즈맨으로서 가장 만족할 때와 가장 행복할 때를 적어보라.

-
-
-
-
-

는 CEO에 이르기까지 실패는 성장에 필요한 과정이다.

실패를 기꺼이 받아들이고 실패를 장려하는 사람은 거의 없다. 하지만 그 반대—안전한 게임만 하면서 실패의 기회를 피하는 일—의 경우 발전은 절대 없다. 세일즈맨으로서 실패를 겪은 다음 두 가지 선택의 기회를 갖게 된다.

- 분개하며 다시 그런 일이 일어날 것을 두려워한다.
- 한층 강화된 인식과 재도전한다는 의지를 가지고 반응하며, 지식과 기술의 폭이 더 넓고 깊어진다.

실패에 대한 두려움은 성공에 대한 두려움과 사촌간이다. 어떤 세일즈맨은 성공적인 세일즈맨이 된다는 두려움을 잠재의식 속에 가지고 있다. 대략 이런 사람들이다.

- 좋은 사람의 이미지와 일치하지 않는 성공한 세일즈맨을 지켜본 사람.
- 많은 돈을 버는 것의 부정적인 측면을 본 사람.
- 성공적인 사람들이 동료, 경영자, 가족 및 친구 주변에서 행동하는 방식을 믿을 수 없다고 생각하는 사람.
- 스스로를 성공할 것이라고 충분히 신뢰하지 않는 사람.

성공에 대한 두려움을 갖게 되면 결과적으로 성공하지 못한다. 두려워하는 것은 피하게 마련이니까. 성공에 대한 두려움을 갖게 되면 계속 비생산적 행동을 하게 된다. 명상과 자신의 진정한 가치에 대한 자기반성을 하다 보면 실패의 두려움과 성공의 두려움의 정체를 파악할 수 있다.

먹혀들지 않는 것은 바꿔라

세일즈에서의 실패는 단기적일 수도, 장기적일 수도 있다. 실패에 대한 사후분석은 그것이 내부요인이건 외부요인이건 단기 및 장기적인 세일즈의 실패를 줄여준다.

잠깐이라도 시간을 내서 고객별 세일즈에 실패한 일과 같은 단기 실패를 진단하라. 실패한 이유를 고객에게 물어보아 그 이유를 찾아내라. "저와 저희 회사가 달리 뭘 해드릴 수 있을까요?" 그런 다음 자신에게 물어보라. "내가 어떻게 했으면 좋았을까?" 이렇게 겸손한 질문―그리고 귀 기울여 대답을 들

자기 훈련 25

중요한 계약을 놓친 일을 통해 배운 교훈을 적어보라.

-
-
-
-
-

는 일─을 하다 보면 자기인식과 자기발전을 얻을 수 있다.

세일즈에서 장기적 실패는 심도 있는 평가를 필요로 한다. 그러고 나면 불운의 요소가 제거된다. 장기적 세일즈 실패에 대한 외적 이유는 세일즈맨의 자질과 경험이 고객과 제대로 연결되지 않아서이다. 대학을 갓 나온 졸업생이 고위급 임원을 찾아가 부탁하는 것이 바로 그것이다.

당신은 세일즈할 때 회사의 모든 가능한 자원─특히 세일즈 매니저─을 동원하는가? 매니저로 하여금 당신이 무슨 일을 하고 있는지, 그 일을 어떻게 하고 있는지 또 흥정이나 위험은 없는지를 모두 알게 하라. 그들의 지도를 편견 없이 받아들여라. 이런 공개하에 벌어진 세일즈 실패는 개인의 실패가 아니라 회사의 실패가 된다.

장기적 세일즈 실패에 대한 내적 원인은 감정하기가 더 어렵다. 나쁜 세일즈 습관이 범인이라면 시간관리와 의사결정 기술을 개선하겠다는 다짐이 필요하다.

가능성이 없는 잠재고객을 선택한 것도 세일즈 실패의 큰 원인이다. 소중한 시간을 구매할─혹은 관심을 가질─가망성이 없는 사람에게 허비하면 더 나은 고객에게 판매할 기회를 놓치게 된다. 고객에게서 언제 손을 떼야 하는지를 아는 것이 현명한 세일즈맨이이 되는 길이다. 큰 고객을 쫓아다니는 것도 큰 유혹이다. 하지만 당신의 제품이 실제적이거나 정책적인 이유로 적합하지 않다면 다른, 더 적은 고객, 더 적은 기회로 선회하는 것이 상책이다.

　세일즈맨의 라이프스타일과 행동의 문제로 야기된 장기적 세일즈 실패에 대한 내부 원인은 해결하기가 가장 어렵다. 주로 이런 것들이다.

- 물질의 남용 : 알코올, 커피, 마약 혹은 음식
- 즐거움과 해로움이 섞인 행동 강요하기 : 도박, 소비 혹은 섹스
- 고통 피하기 : 거짓말하기, 약속을 회피하기, 늦장 부리기.

　처음 두 가지 이유는 해당 세일즈맨이 전문적인 도움이나 상담을 구해야 한다. 세 번째 이유인 거짓말하기와 약속 피하기 그리고 늦장 부리기를 통한 고통 피하기 역시 전문적인 상담이 필요하지만, 잠재된 이유를 초기에 자가진단하는 것이 도움이 될 수 있다.

　이런 행동으로 당신이 얻는 것과 잃는 것을 따져보라. 고통을 회피에서 얻는 대가는 즉각적이고 단기적일 뿐, 손실에 비하면 아무것도 아니다. 고통회피로 인한 손실은 매니저와의 신뢰관계가 깨지고, 세일즈 건수와 커미션을 놓치고, 결과적으로 일자리를 잃는 것으로 점차 확대된다. 이 모든 것이 거짓말을 하고 약속을 이행하지 않았거나 늦장을 부린 결과다. 때로는 이런 행동의 불리한 면을 떠올려보는 것만으로도 충분히

행동을 전환할 수 있다.

장기적인 내부 실패의 마지막 원인은 세일즈맨의 개성과 적성에서 찾을 수 있다. 만약 당신이 경쟁적인 상황을 못 견딘다면, 혹 외적으로 동기부여가 되어 있다면, 아니면 다른 사람들과 이야기하는 것을 싫어한다면, 세일즈는 잘못된 선택이다. 다른 직업을 찾아야 더 큰 성공과 행복을 누릴 수 있을지도 모른다.

받아들여라 그리고 잊어버려라

세일즈맨은 할당액에 살고 할당액에 죽는다. 분기별 혹은 월별 세일즈 사이클이 시작될 때 어디서 수입이 들어오는지 그 출처를 아는 세일즈맨은 거의 없다. 그러나 지속적으로 성공을 거듭하는 세일즈맨이라면 정확하게 설명할 수는 없지만 자신이 할당액에 도달한다는 것을 알고 있을 것이다. 이것 역시 나름대로 선의 방식이다.

성공적인 세일즈맨은 표준 판매모형에 초점을 맞춘다. 만약 새로운 잠재고객을 찾아 거래선에 추가하고, 또 기존의 고객과 거래를 성사시키기 위해 계속 신경을 쓰는 반면, 모든 출처로부터 도움을 받는 적극적인 자세를 유지한다면, 할당액이 달성된다는 것을 안다는 것이다.

할당액은 제품, 마케팅 그리고 영업력의 효율성을 측정하는 데 필요하다. 또 수익의 성장을 관리하고 보고하는 데도 필요하다. 개별 할당액은 회사의 전반적인 수입목표를 정한 후 그 목표액을 팀 수로 나눠서 정해진다. 어떤 팀은 다른 팀에 비해 더 많은 할당액을 지정받는다. 시장잠재력이 변하기 때문이다. 각 팀의 매니저는 할당액을 개별 팀원에게 위임한다. 할당액 수익은 특정한 날짜에 수거해야 한다. 세일즈맨은 자주 먼저 계약서를 체결한 다음 나중에 할당된 수입을 채울 방법을 찾곤 한다.

할당액을 위임받은 모든 세일즈맨에게 필요한 것은 믿음이다. "어쨌든 나는 많은 제품을 팔 거야"라는 마음가짐은 스스로에 대한 약속이며 회사에 대한 약속이다. 그러나 할당액은 스트레스를 조장하며, 스트레스 아래서는 예기치 않은 결과가 발생하기도 한다. 어떤 거래는 성사되고 어떤 거래는 실패한다. 예기치 않은 곳에서 파랑새 한 마리가 튀어나와 뜻밖의 수익을 올려준다. 확실해 보였던 거래는 막판에 실패로 돌아간다.

실적이 있는 세일즈맨은 전력평가와 미래예측에서 초보에 비해 유리하다. 이들은 실제 수입으로 연결되는 거래선 수입의 비율을 판단할 수 있다. 이 비율을 활용하여 미리 계산하면 할당액에 대한 스트레스를 줄일 수 있다.

예를 들어 평소에 40곳의 거래선에서 할당액이 채워지는 세일즈 사이클이었다면, 그리고 이 각각의 거래선 규모가 3만 5

천 달러라면, 미래의 세일즈 사이클도 비슷한 결과를 만들어
낼 것이다. 그리고 각 사이클마다 몇 개의 거래선이 추가되었
는지도 추측할 수 있다.

많은 세일즈맨이 할당액의 두려움에 싸여 살고 있다. 두려
움은 해롭지 않을 때만 건전하다. 두려움을 바탕으로 한 세일
즈는 절망을 바탕으로 한 것이나 다름없다. 정해진 시간이 반
이나 훌쩍 지났는데도 충분한 수익이 들어오지 않는다면 말이
다. 두려움에 사로잡힌 세일즈맨은 폐쇄적이고 자기보호적인
자세를 취하며 조급하고 초조해한다. 현명한 고객은 세일즈맨
에게서 이런 두려움을 금세 읽을 만큼 기민하다. 목소리만으
로도 세일즈맨의 감정상태를 알아차릴 것이다. 이럴 경우 고
객은 가격흥정을 요구하는 유리한 입장을 취하며 보통은 주어
지지 않는 다른 보너스를 요구한다. 당신은 그들을 비난할 수
없다. 그 입장이라면 당신도 그럴 테니까.

할당액이 미치는 최악의 결과는 세일즈 사이클이 끝나는 시
점에 형성되는 가격할인이다. 표면상 이유는 "꼭 필요한 매출
을 창출하기 위해서"라고 되어 있다. 이런 가격할인은 최소이
윤과 최소매출 사이의 민감한 재정적 균형에 영향을 미친다.
이런 가격할인은 몇 개월이 지난 뒤에도 세일즈맨과 경영진을
따라다니며 괴롭힌다. 또 세일즈 사이클 마감 시점의 가격할
인으로 고객의 기대 수준이 달라진다. 눈치 빠른 고객은 새로
운 압박 포인트를 파악한다. 그들은 세일즈맨이 지칠 때까지

구매를 늦췄다가 이 압박 포인트를 이용한다. 가격할인은 최소한으로 유지해야 한다.

할당액을 부정적이나 긍정적으로 볼 것이 아니라 단지 매니저가 이용하는 측정도구로 여겨라. 할당액에 스트레스를 받으면 역효과가 난다. 할당액을 받아들이고 그것을 인정하라. 그리고 잊어버려라. 이 책에서 소개한 선에 당신의 에너지를 집중해라. 그러면 할당액은 스스로 알아서 해결될 것이다.

중용을 취하라

이 세상은 종종 흑백으로 보일 때가 많다. 이는 어떤 것이 좋거나 나쁘다, 혹은 옳거나 틀렸다 식으로 설명을 간단하게 해준다. 부정적인 면은 당신 자신과 고객, 동료, 상사, 직업, 종교 및 민족성을 설명하는 데 정형화된 틀을 적용함으로써

자기 훈련 26

세일즈를 처음 시작하는 사람에게 하고 싶은 조언을 적어보라.

-
-
-
-
-

사물을 있는 그대로 볼 수 있는 능력을 제한한다는 것이다. 흑백은 있어서는 안 되는 구분을 만든다.

정형화는 대개 두려움, 지식이나 경험의 부족에 바탕을 둔다. 예를 들면 이렇다.

- "나는 ____을 절대 고용하지 않을 것이다."
- "모든____은 ____이다."
- "나는 ____을 신뢰할 수 없다."

이런 외골수의 단언은 대상보다 화자의 특징을 더 분명하게 보여준다. 가족과 친구, 동료에게 이런 말을 했다면, 이런 틀에 박힌 진술은 번복하기가 쉽지 않다.

경험이 최고의 교사라는 것은 두말할 필요가 없다. 그러나 자라 보고 놀란 가슴, 솥뚜껑 보고 놀랄 수도 있다. 비슷한 타입의 고객과 두어 번 나쁜 경험을 하고 나면, 세일즈맨은 그런 고객들을 한결같이 밑 빠진 독에 물 붓기 그룹으로 분류하고 싶은 유혹에 시달린다. 그렇지만 통계적 관점에서 볼 때 두어 번의 경험을 중요한 경험으로 간주하기에는 횟수가 너무 적다. 그런 경험 뒤에 긍정적인 결과가 나올 수 도 있고 이윤을 남길 수도 있기 때문이다. 오히려 스스로 제한함으로써 기회를 놓칠 수 있다.

회색은 흰색과 검정색을 섞은 색으로 둘 다일 수도, 둘 다

아닐 수도 있다. 흰색과 검정 라벨을 떼어버리면 왠지 께름칙하다. "이걸 뭐라고 불러야 하지?" "어떤 색이라고 해야 하나?" 시간이 지나면 께름칙한 느낌이 점차 없어지면서 평범함, 즉 회색이 남는다.

회색은 모든 사람과 모든 것을 포장하는 무한한 환경을 조성한다. 회색 그늘을 추구하다 보면 타협하게 된다. 타협한다고 해서 사람의 진정한 본성을 포기하는 것은 아니다. 타협은 편견 없이 마음을 열고 다른 사람의 눈을 통해 세상을 보는 것, 다른 여러 관점으로 세상을 보는 것이다.

선의 중용은 흰색이나 검정색이 아닌 회색으로 표현할 수 있다. 동정심과 유연성은 지혜, 인내 및 유머처럼 선철학에서 많은 부분을 차지한다. 회색을 통해 다른 사람들과 진정한 관계를 맺을 수 있다.

- 공유하는 경험과 감정에 맞춰진 눈을 통해 다른 사람들을 바라보기
- 사람들의 어려움을 동정 어린 마음으로 느끼기
- 사람들의 웰빙을 진정으로 바라면서 감동시키기

일상생활에서도 그렇듯이 철학에서도 사람은 자신의 신념이 다른 사람들의 신념보다 더 가치 있다고 느낄 때가 많다. 그러나 대부분의 철학과 방법론은 나름대로 몇 가지 장점을 가진

다. 그렇다고 해서 신념을 완전히 바꿔야 한다는 말은 아니다. 자신들의 철학을 쓰레기라고 비난하면서 전적으로 동양철학만 받아들이는 서양인이나 서양문화만 선호하면서 동양의 유산을 무시하는 동양인이나 모두 흑백논리에 사로잡힌 사람들이다.

세일즈에서 중용은 이전의 상황과 상관없이 가급적 추측을 적게 하고, 모든 거래와 모든 고객관계에서 나온 결과를 책임지는 것이다. 통제할 수 없는 상황을 처리할 때만 추측이 도움이 된다. 고객에게 하는 약속은 최악의 시나리오를 바탕으로 하라. 회사의 발송부서에서 있었던 장기간의 지연시간을 염두에 두고 고객이 구매한 제품을 발송하는 데 드는 시간이 예상보다 늦어질 수 있는 요소를 마음에 담아두라. 이런 상황에서 최선의 결과를 기대하다 보면 고객을 실망시키고 김빠지게 할 뿐이다.

미소와 칭찬, 감사에 인색하지 말라

회색의 중용은 일상생활에 유머와 미소를 불어넣을 때 더 달콤해진다. 성의 없는 미소나 가식적인 미소가 아니라 받는 사람의 마음에 와 닿는 그런 미소다. 구멍가게에서 불친절한 점원에게 미소 지을 때 어떤 일이 일어나는지 지켜보라. 당신은 한 순간 그들을 기분 좋게 할 것이며, 환한 미소를 되돌려

받을지도 모른다. 어떤 사람들은 거의 웃지 않는다. 그들에게 당신의 미소를 보여주어라. 당신 안에는 한없는 미소가 들어 있다.

친절과 우정은 미소의 결과 생겨나는 것이다. 말을 할 때마다 "미안하지만", "감사합니다"를 양념으로 듬뿍 쳐라. 동료나 고객에게 커피나 물을 대접하라. 점심 때 얼른 뛰어 나가서 샌드위치를 사오면 어떨까? 점심도 거른 채 사무실에서 일하고 있는 동료가 있는지 미리 조사했다가 그들에게 샌드위치를 대접하라.

새로 산 재킷을 입고 온 동료에게 아낌없이 칭찬하라. 칭찬은 고래도 춤추게 한다. 사소한 이유라도 감사의 카드나 메모를 보내라. 감사하다고 전화하라. 단, 보상을 기대하진 말아야 한다.

사리사욕이 없는 행동은 사람을 기분 좋게 해준다. 그리고 긍정적 보상이 뒤따른다. 이를 위해서는 반복적이고 장기적인 변화가 필요하겠지만, 시간이 지날수록 주변 사람들이 서로 더 많은 호의를 표시하는 것을 느낄 것이다.

부드럽게 맞서라

세일즈맨에게 대립은 불가피하다. 대립 그 자체가 선의 원칙에 어긋나는 것은 아니다. 의견의 차이는 부드럽게 해결될 수도, 눈에 거슬리게 해결될 수 있다. 그것은 당신의 선택에 달려 있다. 누군가 어려운 주제를 화난 목소리로 꺼낸다면 대응하는 쪽 역시 화가 나게 마련이다. 그러나 그 반대도 가능하다. 부드럽지만 단호한 언어는 효과가 뛰어나다. 게다가 감정을 통제하게 해준다.

부드러운 대립은 쌍방 모두를 유연하게 한다. 관점이 서로 다르다는 것은 전에는 미처 몰랐거나 이해하지 못했던 것을 알 기회를 갖는 것이다. 화가 나거나 실망한 상태에서 다른 사람의 관점을 접하면 받아들이기가 어렵다. 그렇더라도 가볍게 처리하다 보면 서로 이해가 증진될 뿐더러 기분이 상하는 것도 줄일 수 있다.

받아들이기 어려운 것은 피하라

불평을 너무 많이 하는 동료는 피하라. 그들의 불평을 정기적으로 듣다 보면 냉소주의와 화가 당신에게도 전염된다. 불행히도 불평분자가 조직 내에서 영향력 있는 사람이라면 피할 수가 없다.

끊임없이 불평을 해대는 동료는 나름대로 타당한 이유를 가지고 있을지도 모른다. 그들은 다른 사람을 끌어들이기 위한 방법으로 불평하거나 단지 불평을 즐기고 있는지도 모른다. 어느 쪽이거나 불만을 토로하면서 단 몇 분이라도 허비한다면 좋은 결과가 나올 리 없다. 나름대로 이유가 있다면 불평을 그만두고 행동으로 옮기는 것이 더 바람직하지 않겠는가.

회사, 동료 혹은 상사에 대해 나쁜 이야기를 하는 동료를 처리하는 방법은 쉽지 않다. 그 사람과 관계를 끊는 것은 가능하지도 않을 뿐더러 부적절하고 졸렬한 방법일 것이다. 그들의 정당성을 찾으려 노력하라. 그리고 그 문제에 긍정적인 시각을 가질 수 있도록 조정해보라. 그래도 소용이 없다면 그 사람과 같이 있는 시간을 줄일 방법을 찾거나 부드럽지만 단호하게 할 일이 많다고 말하라.

다행히도 명랑한 기분은 냉소주의보다 전염성이 훨씬 강하다. 가능하면 열정과 자신감으로 일에 집중하라. 다른 사람들이 당신의 긍정적 자세와 행동을 보고 본받을 것이다.

표준 작업량을 관리하라

　새로운 고객, 더 넓은 구역, 고객접촉 혹은 새로운 도전에 뛰어들기 전에 먼저 신중하게 생각하라. 당신이 처리할 수 있는 것보다 더 많은 일을 맡기가 쉽다. 할 수 있다는 자세는 더할 수 없이 바람직하지만, 약속을 깨거나 놓치고 밑 빠진 독에 물 붓기는 절대 좋지 않다.

　새로운 업무를 처리할 준비가 되었는지, 의지가 있는지, 자신이 그 일에 적격인지를 확인하라. 주어진 업무를 단박에 거절한다는 것은 어렵고 불가능할 때가 많다. 매니저가 당신에게 새 업무를 부여했다면 어떤 결과를 기대하는지, 마감일은 언제인지, 그 업무에 다른 사람이 포함되었는지, 그리고 그 일을 할 수 있다는 자신감을 가질 때까지충분하게 따져보라.

　만약 그 일을 해낼 수 있다는 자신감이 없다면 가급적 빨리 그 사실을 알려라. 마감일이 되도록 가만히 있다가 "죄송합니다만, 제가 잘 몰랐습니다"라고 말한다면 누구도 받아들이지 않을 것이다.

시간을 관리하라

리처드 칼슨Richard Carlson은 자신의 저서 《직장에서 사소한 일에 목숨 걸지 말라Don't Sweat the Small Stuff at Work》에서 훌륭한 아이디어를 소개했다. 그는 "나는 이 순간 죽을힘을 다해 최선을 다하고 있는가?"라고 쓴 표지판을 만들어 일하는 곳에 붙여놓으라고 적었다. 가끔씩 이 표지판을 흘끔흘끔 쳐다보면 중요한 일에 주의를 집중하게 된다.

잠재고객의 전화번호를 받았을 때 준비가 되면 즉시 전화를 걸어라. 지체하면 할수록 잊어버리고 전화를 걸지 않을 가능성이 높아진다. 즉시 전화를 건다는 것은 처리해야 할 산더미 같은 업무 파일에서 한 가지 일을 빼는 셈이다.

종이표나 컴퓨터 시스템에 낯익은 ABC 분류표를 만들어 매일의 업무를 우선순위별로 정리하라. A는 반드시 마쳐야 할 업무다. B는 A를 끝낸 다음에 해야 할 일, 그리고 C는 필요하

자기 훈련 27

쉽게 미루게 되는 세일즈 업무를 적어보라.

- ·
- ·
- ·
- ·
- ·

다면 하루나 이틀 정도 미룰 수 있는 일이다. 휴식과 식사시간을 포함해서 각 업무를 완성하는 데 충분한 시간을 배분하라.

일단 한 가지 일을 시작했으면 그 일을 마칠 때까지 멈추지 말라. 정신을 집중하고 방해를 받지 않은 채 한 시간 일하는 것은 방해를 받으며 주의가 산만한 채 준비한 두 시간 혹은 그 이상의 시간을 투자한 것보다 더 나은 결과를 가져온다.

개인예산을 관리하라

세일즈맨은 노력에 따라 충분한 보상을 자주 받는다. 돈이 훌륭한 보상인 것은 분명하지만, 그 자체로는 분명 한계가 있다. 돈은 기회와 선택권을 제공하지만 부정적인 면도 있다. 언제나 높은 수준의 수입이 들어올 것으로 가정하고 화려한 라이프스타일을 갖게 되면 수입이 줄어들 경우 엄청난 스트레스를 받는다.

수입에 딱 맞추어 살지 말고 수입보다 어느 정도 낮은 수준으로 살아라. 나머지 차액은 저축하거나 투자하라. 이런 완충장치는 언젠가 여러모로 편리해진다. 돈이 많을수록 가치 있는 곳에 자선기부를 더 많이 해야 한다. 기부할 곳은 얼마든지 있다. 당신이 이 단락을 읽는 3초 동안에도 이 지구상 어디선가 21명의 어린이가 기아로 죽어가고 있다.

어떤 매니저는 세일즈맨에게 이렇게 충고한다.

"제일 비싼 차를 사세요. 그 차를 운전하는 당신은 정말 멋지게 보일 겁니다. 게다가 난 열심히 땀 흘려 돈을 버는 우리 세일즈맨을 좋아합니다. 그래야 당신은 더 열심히 일을 하고 더 많이 파니까요. 하하하!"

이것은 절대 좋은 충고가 아니다.

스트레스를 받은 세일즈맨은 능률적이지 않다. 월말에 약간의 돈을 남겨두면 스트레스가 줄어들고 긍정적이고 창의적으로 정력을 쏟아 부을 수 있다. 차분한 마음으로 적당한 차를 모는 것이 불안한 마음으로 번쩍거리는 신형 BMW를 모는 것보다 훨씬 낫다. 자동차를 고르는 순간 선의 중용을 생각하라. 실용성과 화려함 사이의 균형을 추구하라. 자주 고객을 실어 날라야 하는 세일즈맨을 위한 자동차로는 오너를 잘 반영하는, 깨끗하고 편안하며 효율적인 4도어의 신형 세단이 좋다. 기름만 잡아먹는 화려한 자동차는 고객에게 세일즈맨과 회사의 이미지를 잘못 전달할 수 있다.

소득을 합리적으로 소비하면 가계와 라이프스타일에도 영향이 미친다. 수입이 넉넉하지 않을 때 외식을 줄이는 것은 쉽지만 주택 대출금이나 월세를 줄이는 것은 쉽지 않다. 매달 덜 쓰는 것이 낮은 생활수준을 유지한다는 의미는 아니다. 개인의 예산을 잘 관리하면 여행, 휴가, 학비, 노후생활 및 재정적 안전대책을 위해 돈을 저축할 수 있다.

회사의 자금관리 담당자는 회사의 수입이 지출을 초과하도록 늘 안전하게 관리한다. 개인예산이라고 해서 다르지 않다. 직업을 물건을 사기 위한 수단으로 여기지 않고, 자신의 모습과 가치를 반영하는 것으로 여길 때 일을 더 즐길 수 있다.

자신에게 선물을 줘라

중요한 거래를 성사시켰다면 정말 축하할 일이다! 당신은 축하받을 자격이 있다. 사랑하는 사람을 데리고 나가 멋진 저녁을 사주어라. 당신을 기분 좋게 해주는 물건을 사되 파산하지 않는 범위에서 사라. 성공의 따스한 온기를 쬐라. 직업과 승리는 이내 잊힌다. 자신에게 일관성 있게 대하되 무언가 중요한 일을 해낸 다음에는 자신을 특별하게 대우하라.

주변에 있는 세일즈맨들은 당신의 승리를 축하하지만, 깊은 내면에는 그들이 이뤄야 할 성공에 대한 압박감이 크게 존재할 것이다. 동료들은 당신의 성공에 질투심을 느끼고 심지어 협박당한다고 느낄 수도 있다. 그들의 감정을 존중하라. 당신도 그곳에 있었다. 동료들 앞에서 가급적 자랑하지 말라. 겸손함이 최고의 미덕이다.

자신에게 보상하는 것은 마감한 세일즈 때문만은 아니다. 일과 도중 피로를 회복시키는 짧은 휴식도 훌륭한 보상이다.

업무를 쉬지 않고 하면 집중력이 떨어져 주의가 산만해진다. 이런 증세가 보이면 짧은 휴식을 위한 신호라고 생각하라. 특정 시간을 휴식시간으로 짜는 것도 어떤 면에서는 바람직하지만, 휴식이 필요할 때 중간에 쉼으로써 자신에게 보상하는 것이 최선이다.

책상에 앉아 있는 동안 스트레칭을 하는 것도 좋은 보상효과를 준다. 요가를 배운 적이 있고, 사무실에서 물리적 공간과 프라이버시를 확보할 수만 있다면 요가 역시 훌륭한 방법이다. 아니면 사무실 주변을 한 바퀴 산책하는 것도 기분전환에 좋다. 그럴 수 없다면 사무실 복도라도 걸어라.

개인의 휴식시간을 동료들과 수다 떠는 것으로 보내지 말라. 당신의 휴식시간이 그들의 휴식시간일 필요는 없다. 사무실에 있는 동안 육체적으로나 감정적, 정신적으로 재충전하는 것을 일처럼 습관화하는 것이 좋다.

열정적인 사람이 되라

고객과 제품에 관해 열정적인 세일즈맨은 열정이 부족한 세일즈맨보다 더 유리하다. 상황과 어울리는 열정을 보여라. 특정 상황에서 너무 지나친 열정은 명확하게 듣고 말하는 능력을 방해한다.

성공에 대해 열정적이라는 말은 세일즈맨에게는 칭찬이다. 더 구체적으로 고객을 위해 최선을 다하는 모습이 열정적이라는 말은 더욱 큰 칭찬이다. 성공을 향한 열정은 어떤 대가를 치르더라도 꼭 성공하게 한다. 고객만족을 위한 열정은 윈윈 목표를 위해 노력을 집중하게 한다.

일에 자신을 투신한다는 것은 엄청난 일이지만, 열정은 끝없이 타오르는 불꽃이 아니다. 열정적인 사람들도 때로 불꽃이 활활 피어오르다가 소진하는 것을 느낀다. 그럴 경우 서둘러 다시 피우려고 하지 말라. 열정의 상실을 인식하고 명예롭게 생각하라. 분석하는 것도 피어오르는 열정을 이용하는 것만큼이나 중요하다.

열정이 세일즈에서 승리를 가져올 때 행복을 만끽하라. 그 승리를 돕기 위해 도움을 준 사람들에게 감사하라. 그리고 점심이나 저녁식사를 대접하거나 술을 사는 것 등 어떤 방법으로든 그들에게 고마움을 표현하라. 다른 사람이 성공하면 자신의 질투심과 시기심을 받아들여라. 다른 사람의 성공에 분개하는 것은 자기 자신에게 불완전하고 불만족하다는 증거다.

거래를 놓쳤다면 아쉬워하라. 잠깐 짬을 내어 호흡하면서 명상을 해보는 것은 어떨까. 당신은 거래를 놓치기 전의 당신과 똑같이 유능한 사람이 아니다. 당신의 열정은 상실감에 빠진 당신을 끌어내어 다시 불을 붙여줄 것이며, 다음 도전을 향해 인도할 것이다. 다른 사람이 실패하면 동정적인 이해심을 표현하라. 그들의 실패를 합리화하거나 최소화하려는 유혹을 물리쳐라.

다른 사람의 열정을 판단하지 말라. 당신이 다운되었을 때는 다른 사람의 뜨거운 열정을 광적인 것으로 치부하기 쉽다. 가능하면 그들의 행복과 자신감을 이용하라. 다른 사람들의 열정을 연료로 삼아 당신의 멈춘 엔진에 시동을 걸어라. 열정은 옮겨 붙을 수 있다.

천천히 변화를 시도하라

세일즈의 매력은 어느 때든 자신을 재규정할 수 있다는 점에 있다. 그렇지만 자기변화가 항상 평탄한 것은 아니다. 엄청난 충격일 수도 있다. 적어도 큰 변화는 앞으로 다가올 일에 대한 두려움을 가져다준다. 극단적으로 변화는 당신 주변의 사람들로부터 당신을 멀어지게 만든다. 사람들은 "저 사람 어떻게 된 거야?"라고 말할 것이다.

영업행동은 단계별로 바꾸는 것이 최선이다. 영업 스타일과 습관으로 매니저와 동료들은 당신의 변화를 쉽게 알아차릴 것이다. 그들이 그에 관해 말을 할 수도 있고 하지 않을 수도 있다. 만약 무슨 말을 한다면 칭찬 아니면 비판일 것이다.

스티븐 프라이드Stephen Fried 박사에 의하면, 천천히 그리고 전체적으로 변한 행동은 급히 변한 행동보다 더 오래 간다고 한다. 만약 너무 빨리 변하면 예기치 않은 역효과가 나서 사기 충천한, 타협 없는 자세를 꺾을 수도 있다. 또 느린 변화는 변화의 각 요소를 즐기고 음미할 수 있게 해준다.

변화는 자기반성을 위한 훌륭한 시간을 제공한다. 새 매니저가 부임하거나 당신이 같은 회사에서 부서를 바꿨다면, 아니면 다른 회사로 옮겼다면, 변화를 당신의 영업 스타일을 검토하고 재규정할 수 있는 기회로 삼아라. 새 상사, 새 직원, 새 동료, 이 모든 것은 당신에게 행동 스타일을 재점검하고 상호작용할 수 있도록 한다.

영업일기를 쓰면서 자신과 대화하라

영업일기를 영업 스타일의 변화를 증빙하는 증거자료로 삼고 변화에 관한 느낌을 기록하라. 이것은 자기와의 대화라고 할 수 있다. 내적 변화에 정신을 집중했을 때 인지적 혜택을 누릴 수 있다. 즉, 내적 자아에 의존하여 일을 하는 동안 더 현명해진다.

질 좋은 노트를 한 권 사라. 그리고 그 노트를 어디에 보관할 것인지 장소를 정하라. 손에 닿기 편하되 다른 사람들 눈에 띄지 않는 곳이 좋다. 노트에는 영업활동에 관한 생각과 느낌을 구체적으로 두서없이 간단히 적어두어라. 사건이 일어난 직후 일기를 써라. 업무 외에 전반적인 명상을 덧붙여라. 이를테면 세일즈가 당신에게 어떤 의미가 있는지, 또 장차 세일즈에서 어떤 것을 원하는지를.

컴퓨터로 일기를 쓸 수도 있지만, 종이에 볼펜으로 적는다면 솔직하고 변하지 않는 진실을 담고 있는 것처럼 보인다. 컴퓨터 파일은 나중에 너무 노골적이거나 민감하다고 느껴지는 단락을 삭제하기 쉽다. 시간이 지난 뒤의 묵상과 자기학습을 하기에는 종이가 더 영구적이며 있는 그대로를 담을 수 있다.

영업일기를 써서 얻는 장점은 다음과 같다.

- 자신의 느낌을 적는 것 자체가 일종의 명상이다. 이로써 개인의 발전을 자극한다.
- 내적 자아가 노출된다. 이는 자기반성을 위한 근거가 된다.
- 어려운 세일즈는 마감으로 적어 둔다. 과거는 과거다. 적는 것 자체가 해방이다.
- 과거의 느낌은 미래의 진보와 발전을 위하여 재검토할 수 있다.
- 일기를 쓰는 일은 최소한의 비용으로 할 수 있는 셀프 카운셀링이다. 자신의 말은 그 자체가 솔직하고 비판 없는 피드백이다.
- 원인과 결과를 분석함으로써 일의 흐름을 읽을 수 있다.

- 세일즈 상황에서 유머를 발견할 수 있다.
- 세일즈 상황에서 영성靈性을 볼 수 있다.
- 경험을 통해 다른 사람을 가르칠 수 있는 자료를 수집할 수 있다.

영업일기에 무엇을 써야 할지 잘 모르겠다면, 이 책의 자기 훈련칸에 적은 목록의 범위를 확대하는 것도 좋다. 이것은 영업일기를 위한 부수적이고 기초적인 주제가 된다. 아래 열거한 목록을 확대해 당신에게 정말 중요한 것을 포함시켜라.

- 잠재고객에게 전화해서 이야기하기
- 고객과 만나 설명하기
- 자신이 일하는 분야, 그리고 판매하는 제품
- 잠재고객에 의한 거절과 경쟁자에게 거래를 놓친 일
- 적은 가능성에도 불구하고 중요한 영업 성사하기
- 영업습관
- 최고 고객들
- 회사와 매니저
- 발전을 거듭하는 세일즈 분야에서 성공의 의미

처음 영업일기를 시작할 때는 뒤돌아보고 반성할 것이 별로 많지 않다. 어느 정도 시간이 지나야 한다. 일기를 쓰는 동안 과거에 썼던 제안서와 이메일, 메모 등을 뒤져보면 어떨까. 이것은 보관해둔 기존의 일기를 재검토하는 것과 마찬가지로 도움이 된다. 지난 몇 년간 당신의 말투, 목소리, 영업 스타일은 어땠는가? 자신이 기록한 것을 보며 자신을 뒤돌아보는 것은 놀라운 경험이다.

대박을 터뜨리기 위한 20가지 비결

- 전날 밤에 잠을 푹 잔다.
- 천천히 일어난다. 아침에 눈을 뜨자마자 침대에서 곧장 내려오지 않는다. 방 안을 둘러보라. 무엇이 보이는가? 무슨 소리가 들리는가? 꿈은 꿨는가? 꿈을 기억하는가? 침대 옆으로 내려서면서 심호흡을 하라. "와! 난 살아 있다!"라고 말하라.
- 아침식사를 하기 전, 잠시 혼자만의 시간을 가져라. 명상을 하거나 조용히 생각하라.
- 아침을 푸짐하게 먹어라. 하루를 시작하려면 에너지가 필요하다.
- 일찍 출근하라. 교통체증을 감안해 충분한 시간을 확보하면 더 일찍 도착하고 스트레스도 덜 받는다. 남는 시간은 사무실에서 명상을 하거나 긴장을 풀고, 커피를 마시고, 하루의

계획을 세워라.

- 사무실에서 낮은 소리로 음악을 들어라. 클래식 음악이 부드럽긴 하지만 어떤 스타일이든 상관없다. 바흐의 음악을 들으면 긴장완화와 명상에 도움이 되는 반면, 모차르트는 호흡과 뇌기능에 도움이 된다는 연구가 있다.

- 개인 물건을 책상에 올려놓아라. 사랑하는 사람들의 사진이면 좋다. 자기확인, 동기부여 그리고 재미있는 유머를 추가하라. 영감을 주는 메시지는 다른 사람들로 하여금 당신의 유머를 흉내 내거나 유머를 개발하게 만들 것이다.

- 영업일기를 계속 써라.

- 사무실에서 다른 사람들에게 미소 짓는다.

- 시간관리와 사무실 조직관리를 연습하라.

- 시작한 모든 업무를 끝내라. 업무가 끝나기 전까지는 방해를 최소화하라.

- 자신의 감정을 존중하라. 거래를 성사시켰거나 고객과의 진전을 이뤘을 때 축하하라! 거래를 성사시키지 못했거나 고객과의 좌절로 괴로울 때 슬픔을 인정하고 자신에게 다시 집중하라. 그런 다음 당신을 내팽개친 말에게로 다시 돌아가라.

- 훌륭한 프레젠테이션 기술을 연습하고 익혀라. 언어와 비언어적으로 자신의 최고 능력을 전달하라. 자신과 회사를 대표하라.

- 자신의 가치기준과 맞게 행동하라.
- 하루 종일 같은 사무실에 처박혀 있다면 자주 스트레칭하라. 점심시간에 잠깐 사무실을 벗어나 신선한 공기를 마셔라. 상쾌한 걷기가 훨씬 낫다.
- 불평하거나 남의 험담을 하고 너무 수다스런 동료는 피하라.
- 습관적으로 사무실에 늦게 남아 있지 말라. 사무실을 나서기 전에 의자에 조용히 앉아 긴장을 풀어라. 그리고 그날 하루에 관해 생각하라. 하루가 어땠는가? 생산적이었는가? 만족한 하루였는가? 다음 날 제일 먼저 해야 할 업무를 간단히 적어보라. 그런 다음 그 메모를 책상 위에 올려놓아라.
- 사무실을 떠날 때는 완전히 떠나라. 일에 대한 스트레스와 걱정은 집에 들어올 공간이 없다. 가급적이면 일을 집에 가져가지 말라.
- 집에서 사업을 하고 있다면 업무공간에서만 일하라. 비업

자기
훈련 28

일을 시작하기 전에 항상 제일 먼저 하는 일을 적어보라.

-
-
-
-
-

무적인 방해를 최소화함으로써 일에 집중하라. 재택근무자 역시 컴퓨터와 전화에서 벗어나 정기적으로 휴식을 취해야 한다.

- 당신이 가진 가장 놀라운 도구인 몸을 최상의 조건으로 유지하라. 잘 먹고 운동하고, 주저 말고 몸과 함께 즐거움을 누려라. 자신을 몸을 자신이 태어난 해에 생산된 아름답고 클래식한 자동차라고 상상하라. '자동차'를 사랑하는 마음으로 정성을 다해 대하라. 정기적으로 예방 차원의 유지와 보수를 해주어라. 자동차는 믿을 만한 서비스로 보답할 것이다.

부디 편안한 마음으로 세일즈에 임하라

책상 앞이나 컴퓨터 모니터 앞에 앉아 있는 동안 세일즈를 한다면, 앉아 있는 동안의 불편함이 그 순간 당신의 능력을 훼방한다는 사실을 명심하라. 책상에 앉아 컴퓨터를 다루고 있을 때의 충고 네 가지다.

- 편안한 의자에 앉아라.
  만약 회사가 편안한 의자를 안 사주면 직접 사서 개인재산으로 등록하라. 의자에 등받이가 없다면 등받이 쿠션을 대

라. 척추를 똑바로 세우고 앉으면 등의 긴장이 완화된다.

- 눈이 편한 컴퓨터 모니터를 써라.
  LCD의 편평한 화면은 브라운관 모니터처럼 전자파를 방출하지 않는다. 또 전기도 덜 소모된다. 다시 한 번 말하지만, 회사가 LCD 모니터를 사주지 않으면 직접 사라. 그리고 그것을 건강과 편안함에 투자했다고 생각하라.

- 손목과 팔을 일자로 놓고 키보드와 마우스를 사용하는 데서 오는 반복적인 스트레스성 부상을 예방하라.
  키보드는 책상 밑에 설치하여 꺼내 쓸 수 있게 해야 한다. 오랜 시간 노트북 컴퓨터를 별도의 키보드 없이 책상 위에 올려놓고 사용하면 통증이 생긴다.

- 규칙적으로 일어나 주변을 서성대며 스트레칭하라.

  책상에 앉아 컴퓨터에서 작업하는 동안 두통, 피로, 통증의 다섯 가지 원인을 피해라.

- 어두운 조명이나 눈이 부신 조명
  → 자연분광 형광등과 백열전구를 설치하면 어떨까.

- 전화, 볼펜, 종이, 클립, 스테이플러 등 자주 사용하는 물건들이 손에 가까이 닿지 않는 곳에 놔두는 것처럼 정리가 뒤죽박죽인 업무 도구들
  → 서류 폴더를 이용하여 가격 리스트나 잠재고객 전화걸기 리스트를 컴퓨터 모니터와 같은 각도에서 볼 수 있는 곳에 둔다.

- 필요한 파일과 다른 물건을 쉽게 찾을 수 없게 만드는 뒤죽박죽인 문서

- 불쾌감과 스트레스의 악순환을 만들어내는 구부정한 몸의 자세
  → 의자에 등을 기대면 목에 스트레스를 줄 수 있다.

- 귀와 어깨 사이에 전화 수화기를 끼운 채 손으로 타이핑을 하고 글을 쓰거나 서류를 처리하는 일
  → 스피커폰을 이용하여 고객을 불쾌하게 만들지 말고, 전화통화를 하는 동안 손을 써야 한다면 헤드세트를 사용하라.

다른 동료들과 컴퓨터를 같이 쓰고 있다면 일을 시작하기 전에 먼저 의자의 높이, 키보드의 위치 및 컴퓨터를 보는 각도

를 조절하여 당신에게 맞춘다. 다리를 자유롭게 움직일 수 있도록 책상 밑의 공간에 물건을 놔두지 말라.

몸이 불편하다고 느끼면 몸이 주는 메시지에 귀를 기울이고 그에 맞게 조절하라. 몸을 움직이고 스트레칭하라. 의자에 앉아서 하는 짧은 스트레칭일지라도 도움이 된다. 간단하게 팔을 올리고 손목을 움직여라. 하루 종일 마음을 상쾌하게 하는 호흡을 명심하라.

아이디어가 저절로 떠오르는 사무실을 디자인하라

풍수를 믿지 않을 수도 있지만, 사실 풍수지리는 주택과 사무실의 실제적이고 심미적인 설계와 가구배치에 관한 조언을 많이 담고 있다. 풍風은 바람을 뜻하고, 수水는 물을 의미한다. 풍수도 자연과 천연 그대로의 환경의 조화를 중시한다. 물리적인 환경에 관한 고대 연구를 기술적으로 설명한 풍수의 목적은 온화한 바람과 원활하게 흐르는 물의 본질을 살리는 것이다. 그래야 건강과 풍성한 수확을 거둘 수 있으며, 모든 것이 완벽하게 조화를 이루게 된다. 즉, 음과 양의 균형이다.

동양에서 풍수를 잘 아는 건축가들은 최적의 에너지 흐름을 위한 초고층 빌딩을 디자인한다. 정면 현관은 어느 특정 방향을 향해야 하고, 지반은 그 건물 거주민들의 성공과 웰빙에 영향을 줘야 한다.

1990년대 말 풍수지리에 관한 서양의 관심이 고조되었다가 다시 가라앉긴 했지만, 세일즈맨이 사무실과 좁은 칸막이 안에서 보내는 엄청난 시간으로 미루어볼 때 편안한 디자인은 당연한 연구과제다. 작업자의 신체와 정신적 조건에 초점을 둔 사무실 디자인을 위해 조언을 하자면 다음과 같다.

- 사무실은 단순하게 장식한다.
- 책상 위는 늘 깨끗하고 말끔하게 정리한다.
- 살아 있는 식물과 흙을 사무실에 두어 산소를 공급한다.
- 가급적이면 밖을 내다볼 수 있는 창문이 있는 사무실에서 일한다.
- 편안한 의자에 앉는다.
- 가급적 사적인 공간을 확보한다.
- 전화벨 소리는 귀에 거슬리지 않는 정도로 조절한다.

평범한 것을 사랑하라

선처럼 새로운 길을 걸어간다고 해서 평생 쌓인 감정의 짐을 일순간에 내려놓을 수는 없다. 선은 인식과 반응에 변화를 줄 수 있지만 즉각적이고 완벽한 변화란 존재하지 않는다. 변화는 조금씩 이루어질 것이며, 당신은 가장 평범한 것에서 변화의 증거를 보게 될 것이다.

선은 평범한 사건, 물건 및 사람들을 비범한 방법으로 보게 해준다. 동료가 주말에 무엇을 했는지 이야기를 듣는 단순한 행동이 매혹적으로 여겨진다. 창문 밖에 앉아 있는 참새 한 마리가 당신에게 경외감을 불러일으킨다. 설사 매일 똑같은 동료, 똑같은 참새를 보고 있을 지라도.

연습을 통해 다른 사람의 부정적인 에너지에서도—가령 옆 차선에서 달리는 화난 운전자—동정심을 이끌어낼 수 있다. 처음에는 이상할 것이다. 그래도 계속 느껴보라. 동정심은 깨달음처럼 언제나 마음속에 있었지만, 그동안 숨겨져 있거나 잘못 표출되었던 것뿐이다. 헌신적으로 다른 사람을 돕는 일에 집중하다 보면 사려 깊은 마음이 다시 돌아온다.

진전된 상태는 겉으로 잘 드러나지 않는다. 마음과 정신의 고요함은 평범한 것이다. 평범한 것을 사랑한다는 것은 당신의 진정한 모습을 체험하고 재발견하고 있다는 것을 의미한다.

마지막 한마디

마음속에서 보글보글 올라오는 평화로운 깨달음을 느끼는 것처럼 당신 자신과 주변의 사람들을 하나밖에 없는 귀한 존

재로 아름답게 여길 때, 당신은 마음을 열고 문을 여는 보편적
인 연결을 경험하게 된다. 거짓 없이 맑은 유일한 순간은 바로
지금, 바로 여기다. 부디 모든 것에서 아름다움을 발견하기를,
세일즈에서 기쁨을 느끼듯이 부디 살아 있음의 기쁨을 체험하
기를 바란다.